孩子的未来，最有价值的投资

——淘气鬼也能上清华

杜忠明
杜恒
著

人民出版社

培养清华孩子心得25条

1. 培养孩子一如雕琢玉石。有一些瑕疵、纹理、颜色，这都不要紧，关键看我们如何去处理、如何去雕琢。这不仅是一门高深的技术，也是一门非凡的艺术，更是一个复杂的系统工程。

2. 人生不过三万天，成功失败均坦然，是非恩怨莫在意，健康快乐最值钱!

3. 任何事情都会有第一次，有了第一次就会有第二次、第三次……无数次这样的历练，使孩子的自信步入良性循环的轨道，他在某一个方面、某一个领域就成熟起来了，受益终生。

4. 失去金钱的人损失甚少，失去健康的人损失极多，失去自信的人将损失一切。自信就像生活中的阳光，它照耀到哪里，哪里便一片光明，阳光灿烂。一个人能否有一个积极的人生态度，能否获得事业的成功，能否得到快乐的生活，关键看这个人有没有自信。

5. 为了孩子与生俱来的、骨子里就有的那份滚烫的热情、温暖的阳光、透明的纯洁、可爱的善良……请多给孩子讲一些善良的故事，多听一些优美的音乐，多看一些积极上进的书籍，多展示一些社会的光明和正义。这样，你的孩子会变得更热情、更阳光、更纯洁、更善良、更积极、更正义……

6. 要求孩子做到的东西，做父母的首先就要做到。

7. 父母应该更多地参与孩子的活动，与孩子建立起融洽的关系，在活动中成为孩子的朋友，孩子遇到什么麻烦的时候第一个想起来的就是父母，如果你做到了这一点你就成功了。

8. 什么时候让孩子做什么事情，如果你把这个时间搞错了的话，你不痛快孩子也不痛快，就是这个道理。该玩的时候你要让孩子玩，该学习的时候你就要让孩子学习，该工作的时候工作，该谈恋爱的时候谈恋爱，这和地里的庄稼一样，它是有季节的。有很多人违背了季节，结果痛苦一辈子。

10. 孩子对某项事物产生兴趣是非常好的事情，善加利用，这个兴趣完全可以成为孩子一生的动力——学习的动力、事业的动力、生活的动力、人生的动力。

11. 把选择的权力交给孩子，父母多给孩子提供参考意见，不给孩子吃后悔药。

12. 无论发生什么事情，都不要在孩子面前吵架，父母一定要彼此恩爱，让孩子拥有一个温馨而美好的家庭。

13. 当残酷的现实摆在眼前的时候，我们最应该做的就是正视现实，将残酷的现实转化为人生的经验、财富，摆脱失败的困扰，让孩子重新站起来，振作起来，这才是最佳选择。

14. 不管时代的潮流和社会的风尚怎样，有智慧的人总可以凭着自己高贵的品质，超脱时代和社会，走自己正确的道路。

15. 其实良好的品格比优异的成绩更重要，只有才能；没有德行，那是很可怕的。

16. 一个人的诚信是一个人人格的重要体现，是一个人一生里最重要的财富、资本。任何时候都不应该为了蝇头小利、为了自己暂时的功名利禄、为了暂时的权宜之计而牺牲根本。

17. 在日常生活中，要利用一切机会给予孩子类似的指导和教育，不要什么事情都由父母代劳，要让孩子自己去体验帮助别人的快乐，体验送人玫瑰手有余香的感觉，让孩子把帮助别人当成一种习惯，让孩子的心灵永远充满爱，对同学的爱、对朋友的爱、对父母的爱、对社会的爱、对人类的爱……

18. 谦让与竞争是一对矛盾，但是矛盾都是依对方的存在而存在的，不同的场合、不同的地点、不同的事情，人们要通过自己的思维和判断选择谦让还是竞争。我们不能总是拿市场经济说事，不能因为市场经济我们就处处、时时总让孩子与人争短论长。

19. 沟通是一种尊重，一种认同。学会用放大镜看孩子的优点，用望远镜看孩子的不足。这样，我们才能真正发自内心地认同孩子，他们才能体会到我们的确是在尊重他、关爱他，才有可能实现沟通的根本目的。

20. 家长一定记住尽量少参与孩子之间的事情，不要把成人的一些劣根性、脏思想传染给孩子，要为孩子而改掉你自己的毛病，学会和孩子一起成长。

21. 生活就像一把小提琴，你不能把琴弦调得太紧，琴弦太紧了容易崩断；你也不能把琴弦调得太松，琴弦太松了你根本拉不出像样的音调。

22. 家庭教育其实不是一个技术活，没有标准、指数、公

式；它是一门艺术，需要父母的精准把握和适当拿捏，需要用父母的爱心和细致培养彼此的感情，用包容、宽广、仁厚的胸怀处理生活中每一件微不足道的细节，使孩子信任你、爱戴你、喜欢你。

23. 面临每一次与孩子有关的选择，你都要权衡好了，千万要慎重，别干拔苗助长的蠢事，也别干费力不讨好的傻事，也不要总是越俎代庖，在培养孩子的过程中磨练自己，和孩子一起成长，这是我们的不二选择。

24. 生活是人生的第一要义。

25. 只会学习不会生活的人不是一个健全的人；同样，只会生活而不会学习的人也不是一个健全的人。我们应该培养一个会学习也会生活的健全人。

目 录
CONTENTS

·引言：孩子的未来是家长最有价值的投资·

儿子杜恒（小名阿杜，以下用小名）荣幸地被清华大学录取了，他为之奋斗多年的梦想终于如愿以偿。当梦想突然之间变成现实的时候，谁都有点晕。父母如此，阿杜尤其如此。

因为，从小学到高中到复读，13年的时间，阿杜从来都不是班级里学习最好的学生。小学的时候他在三四名左右晃荡，初中的时候他在六七名左右徘徊，高中的时候，考得好他在班级里能排在两三名的位置，考得不好他就在十多名的位置呆着，很不稳定。而且，13年26个学期，阿杜竟然没有一次被评为三好学生，这让人有点郁闷。

小学的时候，阿杜的班级里有一个星榜，他的红星的确经常排在最前面，经常获得班级的星冠，但是阿杜获得的黑星也总是不容争辩地排名第一。就是说，他的学习成绩、好人好事、家庭作业等方面都非常令人满意，同时他的小毛病也层出不穷。而且，小学三年级的时候他和老师发生冲突，这小子竟然"离校出走"，让学校和家长虚惊一场；小学四年级的时候他和同班同学打架，用削笔刀划破了同学的后背，让我们当父母的在同学家长面前无地自容；初中二年级的时候，因为打抱不平，他竟然把自己的小手指弄成骨折；高中的时候，一直都洁身自好的阿杜，竟然沸沸扬扬地闹出早恋绯闻……

这样一个调皮淘气的学生，这样一个劣迹斑斑的孩子，竟然是他们小学同班同学、初中同班同学、高中同班同学里唯一一个考进清华的……这的确让人有点匪夷所思、目瞪口呆。

但是，对阿杜的父亲，也就是对我来说，他考进清华大学，倒是一件很自然的事情。

因为阿杜的本质不坏，是一个可造之材。他虽然调皮、淘气、顽皮，

但是他诚实、善良、忠厚，他也聪明、好学、上进。然而，即使如此，这样一个"劣迹斑斑"的淘气鬼能走进每一个学子都梦寐以求的清华园，也绝非易事。

阿杜拿到录取通知书后的某一天，我们一家三口在山上散步，阿杜感慨地说："上清华可真不是一件容易的事啊，它是一个系统工程。"

上清华大学是一个系统工程，这话说得经典。

一个孩子、一个学生，不可能是一个完美的人，也不可能是一个什么缺点都没有的人。完美无缺的孩子、学生，其实都是被学校、老师、家长刻意包装出来的，这样的孩子骨子里有太多虚假的东西，这些虚假的东西更不利于孩子未来的成长。而且那些不诚实的东西在未来的岁月里总会在适当和不适当的时候露出马脚，给社会、家庭和个人带来伤痛。所以我认为做一个诚实、聪明但是有点顽皮的孩子挺好。

培养孩子，真实的东西、本质的东西、内在的东西才是最重要的，在这样的基础上提高孩子的学习成绩才是必要的、有效的。孩子有一点小毛病、闹点小问题，其实无伤大雅，这就仿佛一块美玉上的斑点，只要师傅的功底深，那斑点完全可以成为这美玉完美的点缀，从而显示出它别具一格的味道。

孩子的未来是家长最有价值的投资，培养孩子一如雕琢玉石。有一些瑕疵、纹理、颜色，这都不要紧，关键看我们如何去处理、如何去雕琢。这不仅是一门高深的技术，也是一门非凡的艺术，更是一个复杂的系统工程。

杜忠明

2013年4月

·第一章·
健康快乐最值钱，会玩的孩子更优秀

> 人生不过三万天，成功失败均坦然。是非恩怨莫在意，健康快乐最值钱!

1. 我们家和学校门对门

无论学习多么重要，我始终都认为，一个人的生命、健康远比学习重要得多，重要100倍，甚至101倍。

没有了生命，没有了健康，即使这个人有经天纬地之才，他又怎么施展呢？相反，如果没经天纬地之才，但是他有一个健康的体魄，有快乐的心情，做一个平平常常的人，过一种平平淡淡的生活，不是也很幸福吗？

我和夫人一直都坚持这样一个原则：健康快乐第一，道德品行第二，学习成绩第三。当然了，这只是我们的想法，但是我们却一直坚守着这样的原则。

阿杜上小学的时候，我们家和学校门对门，出了家门就可以进校门。那时候，我夫人的一个朋友恰好在大连开发区最好的一所小学当校长。有一天我们在街上遇到了这位热心的校长，她说："赵娟，你孩子是不是上学了？"

1

夫人说："上学了，现在都四年级了。"

"你这个赵娟，怎么没去找我呢？我们学校的教学条件是开发区最棒的了，很多不相干的人都来找我。凭咱俩的关系，谁的事情不管，你的事情我也得管！我给孩子安排最好的班级、最好的老师。"

夫人说："谢谢由校长，我们阿杜在新桥小学，就在我们家门口，我们觉得挺方便，也不用接送，孩子也少遭罪，就没去找你，但是我还是要谢谢你。"

新桥小学的教学质量的确比不上由校长的那个学校，但是那个学校离我们家太远了。无论冬夏都得接送，送一次接一次就是一个小时，冬天孩子冻得够呛，夏天孩子又热得够呛，而且孩子的睡眠也因此减少了一个小时，干什么事情都不方便。如果赶巧我和夫人都有事，连接孩子的人都没有。现在道路上的车辆又那么多，我们觉得孩子的安全、健康绝对是首要的，所以我们选择了离家最近的学校。

小学阶段，孩子正在长身体，我认为这个时候孩子的身体是最重要的，吃好、睡好、玩好比什么都好。选一个什么样的学校，选择什么样的老师，那都是客观条件，最重要的还是主观条件。再好的大豆种在地里也长不出玉米来！所以，从小学到高中，13年（阿杜复读一年），阿杜没择过校，没挑选过老师，一切顺其自然，我们最关注的是学校与住所的距离。

上高中的时候，阿杜的学校在市区，我们家在开发区，为了方便，我们花钱在阿杜学校附近租了一套房子，目的就是让家离学校近一些，让孩子比同学多睡两个小时。

你千万别小瞧这两个小时，这两个小时可太重要了，比选一个好学校、好老师更为重要。

有一天，阿杜晚自习之后8:20到家，晚饭之后我们坐在沙发上吃水果，阿杜给我们讲学校里发生的趣事。9:20分，一个电话打进了阿杜的手机，对方问阿杜当天的英语作业，最后阿杜问对方："你开始写作业了？"对方回答："刚下车，还没到家呢，忽然想起了英语作业，回家打电话又得挨我妈尅，所以一边走一边给你挂一个电话……你干什么呢？"

"哈哈，你问我？说出来气死你。我早吃完饭了，正和老爸老妈在沙发上吃西瓜呢，这西瓜又甜又凉又爽口，简直太好吃了……哈哈哈！"

对方半天无语。

每天早晨上学比同学晚出发近一个小时，晚上放学比同学早到家一个小时，因此阿杜每天晚上可以提前一个小时入睡，早晨又可以晚起一个小时，整好两个小时。

有句话说得好：睡眠好，胃口就好，吃饭倍儿香，这话不假。睡眠好，人的免疫力就强；睡眠好，脑垂体分泌的生长激素就正常，人就能健康地生长；人的身体好，精

▲阿杜作品《燃情岁月》

力就充沛，上课的时候注意力就格外集中，学习效果自然不一样。你说多睡两个小时有多么重要吧！

那些长途跋涉的择校生因为离学校太远，每天都要挤公交车上学，那可就惨了。左倒车右倒车，再加上堵车，晃晃悠悠到学校的时候，一个小时早不知不觉地溜掉了。夏天挤出一身臭汗，冬天冻得浑身冰凉，非常容易感冒。而且，早晨经常迟到，晚上经常赶不上公交车，心情不好，睡眠不好，上课注意力不集中，听课就不认真，学习成绩当然上不去。怎么办？只好利用星期六、星期天花高价到外面补课。最后因睡眠不足把身体也搞垮了，学习也搞垮了，精神也搞垮了，得不偿失。

高三下半年的时候，为了迎接来年2月份的美术专业考试，学校进行美术集训，从早上8：00点钟画到晚上8：00，一画就是12个小时，有很多同学因体力不支而累倒，更有的同学因为不堪学习的重负而抑郁。阿杜因为睡眠充足、身体硬朗，很少因为健康问题而旷课。

这就是我们多睡两个小时的偏得，这就是身体健康的重要性。

再说了，为了学习而把孩子的身体搞坏，把神经搞乱，太不值得了吧！

给大家看一份资料：

1986年，美国"挑战者"号航天飞机发生大爆炸，原因出人意料：工作人员睡眠不足。

同一年，苏联切尔诺贝利核电站发生核泄漏事故，也是因为工作人员困到了极点。

英国某医学杂志报道，如果一个人早上6：00起床，17—19个小时不睡觉，其行为能力与一个血液中酒精浓度为0.05%的人基本相当，甚至更差。即使1周内每天少睡2个小时，疲劳也会累积起来，并在不适当或危险的场合引起不可抗拒的睡眠倾向，从而引起事故。有人统计，在纽约6.8万起无外界因素引起的累及一辆交通工具的严重事故中，约10%与司机睡眠不足有关。

让我们再看一看下面可怕的研究结论：

日本医学界研究表明，如果人在一天中缺觉4个小时，反应能力就会下降45%。

每天减少3个小时或者更多的睡眠，人的免疫力就会下降50%左右。

以色列研究人员发表的报告显示，睡眠是舒缓压力的好方法。

由此可见，保持良好的睡眠比补课更重要，更有利于提高孩子的学习成绩。

2. 打遍游戏厅无敌手

阿杜被清华大学录取之后，有一天他表哥请他吃饭，饭后两个精力过剩的家伙又去游戏厅里打游戏。打了很多回合，他表哥只有招架之功，没有还手之力，根本不是阿杜的对手。这时边上有两个卖呆的家伙说想和阿杜PK一把，阿杜说："那就PK吧。"结果这两个卖呆的家伙也不是阿杜的对手。这时边上卖呆的人越来越多，大家都跃跃欲试，都自己掏钱买币和阿杜PK。那天也不知道打了多少场，整个游戏厅里的人都和阿杜过招了，竟然没有一个是他的对手。

这一阵狂打，为游戏厅赚来不少人气，也让老板多卖出去不少游戏币。游戏厅老板特别高兴，问阿杜："你在哪儿上班，想不想到我这里来？"

阿杜和他表哥哈哈大笑，他表哥说："人家是清华大学的大学生，过几天就开学了。"

老板愕然："清华大学的？游戏打得这么好，游戏专业？"

阿杜的表哥笑嘻嘻地说："玩得好才能学习好！"

阿杜的表哥也许是随便说说，但是这随便说说却说出了一个硬道理。

其实，一个会学习的人也常常是一个会玩的人，会放松自己的人，会生活的人。人生最具有吸引力的两件事情是什么？就是吃和玩。这两件事情你都干不好，还奢谈什么学习、工作、生活？其实游戏和学习两者并不是对抗性的矛盾。人生的琴弦不能总是绷得紧紧的，那样真的很容易断裂，一定要帮孩子培养一些良好的爱好，让孩子成为一个有高雅情趣的人，让高雅的情趣陪伴他度过人生寂寞的时光。

因为经商，我结识了很多生意上的朋友，和他们相处的时间长了，我发现很多人做生意之余除了饮酒就是打麻将，别的什么情趣都没有。

为什么会这样呢？

为此我思考了很久很久，后来在阅读弗洛伊德的时候我突然找到了答案。弗洛伊德的抑制学说认为，一个人在存在大量被压抑于潜意识中的原始欲望的情况下，"自我"不得不长期消耗能量，以阻挡那些被抑制冲动的再现；另一方面，潜意识里被抑制的冲动也时刻在寻找宣泄的方法，或经由迂回的路线找到适当的替代物。这种被抑制的冲动几经周折，到达全身的神经分支中去，从不同的地方"突围"而出，由此使人产生各种特殊的行为。

我是这样理解弗洛伊德的这段话的：人必须为自己过剩的精力寻找一个适当的出口；如果在正常的渠道找不到出口的话，他就必然会转移到不

正常的渠道里去，把过剩的精力消耗掉。

所以一个人在自己的一生里，一定要找几件感兴趣的事情做，培养几种良好的嗜好，消耗自己过剩的精力。做父母的，就应该从孩子小时候开始，用各种健康向上的游戏填补孩子大量空闲的时间，这样，孩子的一生就不会寂寞，他的生活就会充满了快乐，那些不良的嗜好侵害孩子的机会就会降低；在学习疲劳的时候，你的孩子就会有一个舒缓自己的良好方法，为下一次冲刺奠定基础、蓄积能量。

朋友，如此重要的事情难道你没想过吗？你没想过说明你不是一个合格的家长，你就有可能培养出不合格的孩子。

你想，一个人如果什么爱好也没有，什么情趣也没有，孩子还很小，他不能抽烟，不能喝酒，不能赌博，甚至一些鲁莽而短视的家长连孩子看点课外读物都不允许，那么你想想，他过剩的精力怎么宣泄？他紧张的神经怎么放松？他还能干些什么呢？

所以我从小就和孩子一起游戏，培养孩子的高雅情趣，不仅让孩子有一个快乐的童年，而且通过儿童时期的培养，让孩子拥有快乐的一生。

阿杜最喜欢的是画画，从3岁开始到现在，画画占据了他绝大部分的时间，然而这远远不够。当一个人的爱好变成职业的时候，它的情趣就会大打折扣，还需要有更多其他的东西来填充那些空虚无聊的时光，这些事情孩子还想不到，但是一个合格的、有远见的家长一定要想到。

所以，在小学阶段我在孩子身上下的工夫比较多。孩子画画累了的时候，我常常和孩子在电脑上来一阵坦克大战，再不就是拽孩子出去跟我打羽毛球。的确，开始的时候孩子就愿意玩游戏机上的游戏，很不情愿打羽毛球，一是不会，二是不感兴趣，三是一身臭汗。这都无所谓，不会我就教，教会了他就感兴趣了，出汗也无所谓，正好洗澡冲个凉。就这样，无论自己手头上有事没事，每天我都要找时间和孩子一起玩一阵儿，现在阿杜的羽毛球打得已经很好了。当然了，我说的很好，并不是可以参加专业比赛的那种好，其实也就是会玩了。这就足够了，不是谁家都能培养出一个林丹来的！

有一次我们到海边玩，阿杜不会游泳，拿着游泳圈和其他孩子玩得心花怒放。我过去对阿杜说："阿杜，来，我教你游泳吧。"阿杜一听说教他游泳非常高兴，马上就来到我身边。

然而，什么有趣的游戏在没有学会之前其实都非常无聊。我和夫人两个比比划划地在水里开始教阿杜游泳，阿杜失去了和孩子们游戏的机会，又呛了几口水，说什么也不学了。后来再领阿杜去海边玩的时候，我就耍了点小阴谋，特意不带游泳圈。阿杜看着别的小朋友下海而自己下不了海就特别郁闷，这个时候我和夫人就劝阿杜："阿杜，咱没有圈也不怕，学会游泳就永远也不用游泳圈了。"就这样，在我们的"圈套"下，阿杜第三次下海，终于学会了游泳。现在阿杜的游泳技术远远超过了我这个师傅，在水里泡一两个小时啥问题都没有。

阿杜上初中的时候，学校距离我们家稍微远一点，走路差不多需要25分钟，于是我们就鼓励阿杜学自行车。阿杜答应得很好，我们把自行车也买了，可是阿杜学了三天也没学会，说什么也不学了。其实再学一天半天的可能就学会了，不仅可以代步，最起码多了一项生活技能。在我们的再三劝导下，阿杜又坚持了两个半天，自行车终于在阿杜脚下运行自如了。阿杜大学的第一个暑假从北京回来的时候，大发感慨："清华大学简直太大了，不会骑自行车简直会郁闷死。"阿杜到校的第一天就买了一辆自行车，在清华园里招摇过市，让那些不会骑自行车的大连同学羡慕不已。因为大连山地多，骑车的人很少。

阿杜上六年级的时候，突然对轮滑很感兴趣。虽然我认为轮滑很危险，但是危险不应该成为拒绝孩子的借口，孩子越来越大了，将来比轮滑危险的事情多了去了，你能告诉孩子遇到危险就退缩，就回避吗？不能！那咱就应该鼓励孩子去面对。

于是我决定陪孩子一起去学习轮滑，那个时候我已经40岁了。穿好了轮滑鞋，走进轮滑大厅放眼一望，哪有我这个年龄的人？都是十几二十岁的孩子，但是这并不影响我和儿子一起享受轮滑的快乐，那段时间我每天晚上都和孩子一起到那里学习轮滑，孩子学会了，我也在40岁的时候尝到了轮滑的乐趣。

其实自有孩子以来，一直都是这样。培养孩子的过程也是锻炼自己的过程，孩子成长的过程也是我们自己成长的过程。孩子在向我们学习，我们何尝不是在向孩子学习呢？我们是在和孩子一同成长。孩子需要学习的东西，我们跟着学习；孩子问我们的问题，为我们的思维提供了新的思路；孩子

▲阿杜六岁时的作品《太空人》

长大了，我们也更成熟了。

在我这个不太高明的教练的努力下，阿杜相继学会了下象棋、下军旗、下跳棋，之后又学会了唱歌、摄影，利用高中毕业大学没开学之际，我又让他学会了汽车驾驶。这多好，孩子到什么时候、在什么地方都能找到玩伴，从此他不再寂寞，总能找到有趣的东西陪伴。通过这些兴趣爱好，他和大家能融洽地交往，既交了朋友，又度过了快乐的时光，而且为自己未来的事业建立了良好的人脉关系。

大一放暑假回家的时候，阿杜和我们说，学校要为新生开一个舞会，他是组织者之一。开学之前的几天，他忽然为自己不会跳舞而发起愁来。

我说："这好办啊，我和你妈可以教你啊。"

阿杜不太相信："什么时候看过你们两个跳舞？"

我说："你看过我们跳舞的，你肯定是忘记了。现在咱们让音乐响起来，我和你妈给你表演一曲。"

然后，在施特劳斯优美的《蓝色多瑙河》的伴奏下，我和夫人给阿杜来了一个中三，立刻把他镇住了："没想到啊，你们俩还会跳舞呢，小看你们了啊！"

我说："孩子，唱歌、跳舞、下棋、打球，样样都要会两下子。这没有什么坏处，不一定非要精通，会玩玩就行了。这样你这一辈子才能享受到人生的快乐，你才不会寂寞……"

看看阿杜怎么说：

一朝玩《拳皇》，终生为吾师

其实人们身边的很多事物都蕴涵着深刻的哲理，我们弄懂了其中的道理，它就可以成为我们的老师，使我们终生受益无穷。

有人说是风中的竹子令他体会到人在社会中要像竹子一样，顺应时代潮流，学会顺势而为，这样才不会受到伤害。还有人说，是某某书中的哪几句话教会了他要如何如何；还有人说，是生活中的什么什么使他悟到了什么什么道理……

游戏是一件小事，但是小中也可以见大。所以有人说人生有时就和游戏一样，这话其实并不假，因为我们从游戏中也可以学到人生的道理。从某种角度来说，游戏也可以成为我们的老师。

那一天，我到同学王飞家去玩电脑游戏，是一种叫《THE KING OF FIGHTERS》的格斗游戏，两个玩家首先各自选择一个自己的角色，然后开始对打，根据各自的得分决出胜负。我虽然不像王飞那样常玩，但是通过观察，我很快找到了制胜的窍门——主动出击。我不断地放"波"，攻击王飞的角色，他只好让他的角色躲在旮旯里防守，根本不敢越雷池一步。

防守只能降低被伤害的程度，却不能给对方构成任何威胁，也不能从根本上消除外来威胁。王飞的角色在步步退缩，它的生命值在不断下降：35……15……9、8、7……他的角色马上就要败北了……

这是我们假期里偶然玩的一个游戏，但是面对屏幕上激烈搏杀的惨烈画面，我忽然就想到了"人生"这两个非常严肃的字眼。

人生又何尝不是如此呢！

面对未来社会的激烈竞争，如果我们只是一味被动地等待、防守、挨打，迟早要"GAME OVER"。因此，要学会主动出击，面对困难、对手，要主动进攻，不断进攻，令对方只有招架之功，没有还手之力。就像金庸的小说里所写的那样："进攻就是最好的防守。"

果然，王飞的角色在我猛烈而快速的进攻下终于一败涂地，他的角色

倒地而亡，"GAME OVER"赫然刺目地出现在屏幕上，我连胜三局！

游戏，不要小看游戏！游戏就是人生！

2002年5月15日（初一日记）

3. "蟒蛇缠身"

在孩子上高中之前，只要有合适的机会，就应该把孩子领出去，让孩子开阔视野，让孩子领略大自然的鬼斧神工，感受大千社会的人情冷暖，这是最好的社会实践活动。孩子亲眼看到的东西、亲身感受到的东西同书本上看到的东西绝对是两个版本，经常领孩子看看外边的世界，对孩子的成长是非常重要的。为什么城市里的孩子比大山里的孩子更机灵？并不是城市里的孩子智商高，而是他们比大山里的孩子看到得更多、经历得更多。

阿杜二年级的时候，我们领他去了一次泰山，徒步登山没乘缆车，1532.7米高的泰山竟然被只有9岁的阿杜给征服了，而且他一直开心地跑在我们的前面。从泰山回来之后，阿杜还写了一篇与这次出游有关的作文。我心里想：肯定写的是登泰山的有趣过程。可是作文写完之后，我一看还真不是，他写了另外一件让他感动的事：

在船上

今天是4月30日，到山东威海出差的爸爸从山东给老妈打来电话，经过电话沟通，决定利用这个机会全家来一次旅游，我和老妈乘船到烟台和爸爸会合。时间仓促，我们已经没有时

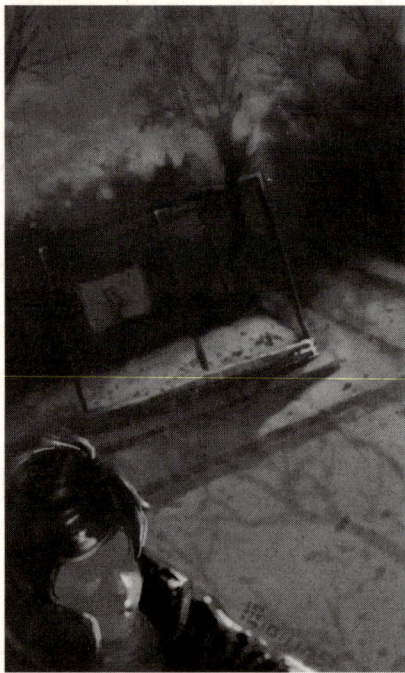

▲阿杜作品《清晨? 黄昏? 》

间提前预订船票了，又是旅游旺季，坐船去山东旅游的人太多，我们只好临时补票。

我们费了九牛二虎之力，在朋友的帮助下，总算登上了轮船。办理完补票手续

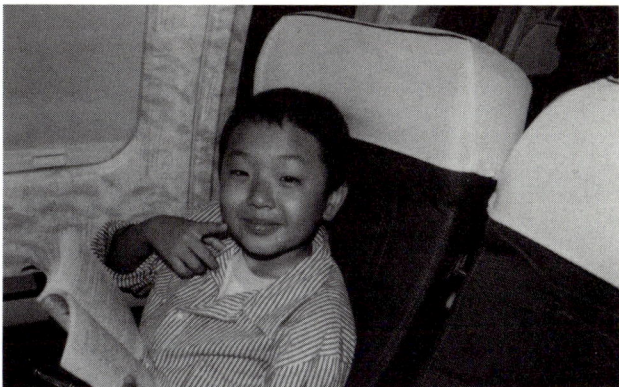

▲阿杜在船上

之后，好心的乘务员告诉我们，可以到录像厅去过夜，只要花上10元钱就能捞到一个座位，还有录像看。老妈怎么舍得让我在走廊上站一宿呢！于是妈妈和我又花了20元钱来到了录像厅。上半夜我还是挺精神的，但是到了后半夜，我的眼睛就不再那么听话了，武林高手们在电视上打，我的上眼皮和下眼皮也一个劲地打架。我侧过头一看，妈妈早已经坐在板凳上呼呼地睡着了。这可怎么办呢？只有10岁的我一时还真没有了主意。

这时，一个憨厚的声音在我的耳边响起。我勉强睁开眼睛，原来是在旁边桌子上睡觉的那个叔叔。他很黑，眼睛在没睡觉的时候也像睡觉一样眯眯着，只有一条缝。他的脸是四四方方的那种，肥头大耳，给人一种憨厚、诚实、和善的感觉。他的头发也很好玩，头发剪得很短，很整齐地竖立在那里，就像修剪得非常整齐的草坪一样。

他对我，又像是对我老妈说："你这小孩是不是困了？不如让他上桌子上睡一会吧！"

我回头渴望地朝边上的桌子看了一眼，见那里只有一个人的位子，其余的地方都被闲置的椅子占满了，我要是睡上去了，叔叔又睡在哪里呢？妈妈听见叔叔说话的声音也醒了过来，她睁着惺忪的眼睛，犹豫了片刻，结结巴巴地对那位叔叔说："他……不困，还是你、你……睡吧！"

说话间，我这边已经呼呼地睡着了……就这样，在叔叔的坚持下，我舒服地睡到了桌子上。

夜里，在上卫生间的时候，我发现电视已经停止了播放录像，录像厅

里的乘客都坐在硬板凳上东倒西歪地睡着了，只有我一个人获得了睡在桌子上的优待。从卫生间回来的时候，我看到在外边走廊的过道上也躺着一个人，我好奇地走过去。当看到他整齐的如草坪一样的头发和那眯成一条缝的眼睛时，我一下子反应过来了，这不就是给我让座的那位叔叔吗！

回到房间里，躺在舒服的桌子上，想起睡在走廊过道里的那位叔叔，我翻来覆去，怎么也睡不着了。

这是我记事以来第一次出远门。这件事情虽然不大，但是它在我的心中却留下了美好的印记。

孩子用自己的眼睛学会观察这世界的冷暖，用自己的心灵感受着这世界的美好，文字不多，但这是多么珍贵的文字、多么难得的文字啊！

阿杜10岁那一年，10月黄金周期间，我们一家三口应朋友之邀一起到海南、深圳旅游。在深圳动物园里，阿杜给我们来了一个勇敢的"蟒蛇缠身"表演。

阿杜先是在跑马场里和动物园里的骑师遛了一圈马，接下来又骑着大

▲蟒蛇缠身的阿杜

象走了一圈，后来我们看到一个驯蛇的。驯蛇师不仅和蟒蛇亲吻，还把一条两米多长、直径近十厘米的大蟒蛇缠在身上……阿杜看着那人的表演，无所谓地说："我也敢。"

驯蛇师听到了阿杜的嘟囔，这不是公然挑衅吗？你们要是谁都敢，我这几招还值什么钱？再说了，你一个小毛孩子竟然敢在大庭广众之下和我叫板，这还了得！驯蛇师说："小朋友，你真敢把蛇缠在身上？"

阿杜说："敢，你敢我就敢！"

"来吧，小朋友！"

阿杜一点也没有惧怕的意思，他穿着一个跨栏背心就走了上去，还回头对我说："爸，给我照一张相。"

说话间，那条近十厘米粗的蟒蛇已经缠到了阿杜的身上。和我们一起去旅游的还有一个和阿杜年龄相仿的孩子，那孩子看到阿杜的表演，害怕地躲到了他妈妈的身后，还大声嚷嚷着："妈，我害怕……"

我按动快门，记录下阿杜这次勇敢的举动。

表演结束之后，我们一起出去的朋友问阿杜："你不怕呀阿杜，毒蛇咬你怎么办？"

阿杜骄傲地说："那要是毒蛇，驯蛇的也不敢表演。再说了，要真是毒蛇，他也不敢让我表演，他敢把蛇放在我身上，就证明什么危险都没有……"

他竟然有一套自己的逻辑推理！如果不走出去，这样的事情孩子是一辈子也经历不到的。

古语云：读万卷书不如行万里路，行万里路不如阅人无数。

读万卷书是获取间接经验，行万里路是用眼睛观察自然和社会，而阅人无数则是亲身参加社会实践活动。亲身参与社会实践才是最锻炼人的。要实现这个过程，就必须把孩子领出去，孩子在家里怎么可能阅人无数？大四的时候，学校为什么要给学生安排社会实践的课程呢？就是要让孩子尽早地和社会接轨，更好地进入角色。然而，那么短暂的社会实践，对孩子来说简直是毛毛雨。我们为什么不充分地利用自己可以支配的时间，让孩子尽早地参与更多的社会实践呢？

阿杜18岁那一年春节，我们一家三口参加了港澳5日游。飞机在深圳落地，我们登上深圳开往香港的大巴。不久，有两个人在车上用喇叭喊了起来："优惠兑换港元，108元人民币兑换100港元，过了这个村就没有这个店了……"

有几个人走上前去和那两个人交易。

这时阿杜问我："咱们怎么不换港元？"

我说："人民币在香港照样花，不用换。"

阿杜问："要是人家不收人民币怎么办？"

"不收人民币咱们再换。再说了，咱们有银行卡。"

"现在换多方便。"

"现在他们是独一份的买卖，缺乏比较。等咱们到了香港，兑换港元的地方一定很多，比较几家之后咱们再换。"

到香港之后，我们发现人民币在那里畅通无阻，只有极个别的地方不收。我们找了几个兑换点问了一下，最低的105元人民币就可以兑换100元港币，和大巴上相比，兑换一万港币就可以省下300元人民币。

我们一边走，阿杜一边和我说："老爸的判断果然不差，原来这些家伙在车上叫卖港币是蒙人的，纯粹是为了赚钱。"

不走出去，这些事情孩子怎么能够了解呢？这里我只是截取了生活中的几个片段，但是已经足够说明问题了。我们不是要培养只会读书的书呆子，我们的孩子将来都将离开父母，到竞争激烈的社会中去摸爬滚打，我们不如尽早让他们熟悉一下这个他们还比较陌生的社会。这样他们走入社会的时候，就会海阔凭鱼跃、天高任鸟飞了。

4. 从小爱玩麻将牌

说了这么多我差点忘了告诉你们，我们家阿杜从3岁开始就喜欢玩麻将牌了，这是真的，不骗你。不过，他不是像我们大人那么玩，阿杜是拿麻将牌当积木来玩。

当时我们家的经济条件还比较差，孩子没有更多的玩具，我们家柜子里有一套别人送的麻将牌，一直没人玩，那天我突然灵机一动，把那副麻将牌拿了出来，用它给阿杜摆了一个"高楼大厦"，这引起了阿杜的兴趣。从此，这副麻将牌成了阿杜最喜欢的"积木"。

▲阿杜作品《阳光中的女孩》

其实拿麻将牌给孩子当积木挺合适的，上面有各种各样的图案，还有汉字、数字，可以一边玩一边教孩子识字、数数，很符合孩子的兴趣。因为孩子喜欢拿麻将当积木，而且能玩出很多花样，后来我又相继给孩子买了两套不同风格的积木，孩子每天在桌子上摆弄这三套积木，兴趣盎然，百玩不厌。有时候他用麻将摆出一个变形金刚，把两个一饼当成眼睛，把七饼当成手枪，把白板当成电视……既培养了孩子的想象能力、空间感、耐受力、集中力，也锻炼了孩子的动手能力。所以我特别推崇让孩子玩积木，它比其他任何玩具都更有利于孩子的成长。

很多家长喜欢给孩子买高档玩具，刀啊、枪啊、汽车啊，等等，不是我吃不到葡萄说葡萄酸，其实有些葡萄确实很酸。像这些高档玩具其实真的赶不上麻将好玩，刀枪之类的玩具只能让孩子从小喜欢格斗，崇尚武力，不利于培养孩子优雅的品质。电动汽车虽然好玩，但是它锻炼不了孩子的智慧。这些玩具不过是成年人不愿意陪孩子玩而给自己找了一个解脱的办法而已。

现在很多家长都说孩子的动手能力差，这与从小的培养是有关系的，

你买来一大堆可供孩子自己消磨时光的东西，他沉浸在游戏之中，怎么会有动手能力呢？孩子的快乐固然很重要，但是孩子的智力、动手能力、思想品质难道不重要吗？

想一想我们那个年代，哪有什么玩具呀，所有的玩具都是自己制造的，打纸团的咔吧枪、打黄豆的"豆枪"、弹弓子、万花筒、沙袋、纸飞机……就连我这种最笨的家伙都能自己制造出十几种好玩的玩具。现在的孩子你让他做玩具？他们甚至连一个纸飞机都不会叠，他们会玩的是遥控飞机、遥控汽车、电脑游戏……这些东西不是不能玩，可以玩一点，但是你更应该让孩子玩一些能锻炼孩子动手能力的东西。

那年我们搬家，突然在床底下又看见了阿杜喜欢的那副麻将牌，我把它从床底下拿了出来，对着这副麻将牌感慨了好一会。这副麻将牌阿杜玩了六七年，至今却一张牌都不少。因为这副麻将有一个装它的盒子，阿杜每次玩够了都会很认真地把麻将摆放到盒子里，摆放完毕之后应该是个什么样子的，他心里都有数，如果少了一张牌他马上就会发现，会想方设法把那张牌找到，这不仅锻炼了孩子的动手能力、耐受力、集中力，也培养了孩子对数学的兴趣、锻炼了孩子的观察能力。

孩子能考上清华大学，绝不是高二高三来一段猛烈的冲刺就能实现的梦想，生活中的点点滴滴，生活中的每一个细节，其实都是对家长的一种考验，对孩子的未来都会发生各种各样的影响。这就是我所理解的因果，每一种结果都必然与某种原因相对应。

5．我想叫火蓝青

曾经有人做过这样一个实验，来说明中国孩子和美国孩子的不同：

老师让同学们画一幅画，题目是"圣诞节"。

在中国：

老师将预先画好的画往黑板上一挂，班级的48个学生开始对着画认认真真地临摹，48个学生的画千篇一律，画面上是一棵圣诞树，圣诞树上灯光闪烁，旁边站了一个圣诞老人，手里拿着圣诞礼物。老师根据孩子作品的像还是不像给孩子打分。孩子就这样在模仿中长大，在学校照老师教的去做，回家照家长说的去做，参加工作之后照领导安排的去做，结婚之后按老婆说的去做……人们的创造力从小就在压抑中被扼杀，只会依样画葫芦，照猫画虎。

在美国：

老师告诉学生，今天要上美术课，让大家画一幅画，题目是"圣诞节"，然后老师启发学生，你们大家回忆一下，想象一下，你们家或者你们的社区过圣诞节的时候是什么样子的，你见过的圣诞节又是什么样子的，你期望中的圣诞节应该是个什么样子，不要有框框，怎么想就怎么画。绘画的结果出来了，48个学生，48个不同的圣诞节，千奇百怪，丰富多彩。孩子就是在这种想象和创造中长大，在学校敢于超越老师，回到家里敢于和家长辩论，参加工作之后敢于和领导叫板……孩子的创造力从小就获得极大的鼓励和释放。

中国的高中生在世界奥林匹克竞赛中总是能得到最好的成绩，但是中国大学生的论文却是最烂的，是最没有创意的，甚至有很多是抄袭的；中国改革开放三十多年了，各方面都取得了长足的发展，但是至今却只有莫言获得了诺贝尔奖；中国每年拍摄近500部故事片，但是这么多年了却没有一个人获得奥斯卡金奖。

你别说什么西方人用另类眼光看我们之类的借口，如果我们真的行，任何借口都不可能永远把我们拦住，奥运会上不是有那么多中国运动员夺冠吗？

那么到底是因为什么呢？因为我们的国人缺乏想象力，缺乏创新能力。被苹果砸了脑袋，牛顿想到了万有引力；看到水壶盖子被水蒸气掀起来，瓦特发明了蒸汽机；而我们的学生呢，有的时候也非常具有想象力：看到有人被自己的汽车撞倒了，马上想象到将来的赔偿、家长的训斥，这怎么能比呢？

想象力、创新能力并不是一教就会的，它教不出来，它要依靠多年的培养。而几千年来形成的中国式的填鸭教育、应试教育最不利于想象力、

创新能力的培养，而这种填鸭式的应试教育又不可能在短时间内获得改变，所以，中国人的想象力、创新能力长期以来都受到压抑。

其实孩子的想象力是非常丰富的，关键是我们怎样去引导、开发、培养。

阿杜上幼儿园的时候，有一天，他突然问我："爸爸，我想给自己改一个名，我的名一点都不震撼，我想起一个震撼的名。"

肯定是动画片看多了。

我问："你想改成什么？"

"我想叫火蓝青。"

我和夫人听了孩子给自己起的名字哈哈大笑，阿杜喜欢看动画、漫画，像那里面的擎天柱、霸天虎什么的他整天挂在嘴边，很显然他的这次改名行为受到了动画、漫画里面那些名字的影响。

我感觉这名字的确很好听，但是毕竟名字不是可以胡乱改的啊！我只好说："阿杜，你这个名字的确震撼无比，但是名字是不能乱改的，首先你名字的第一个字必须和爸爸名字的第一个字是一样的，这第一个字就是人的姓，后面的字你可以发挥想象随便改，但是还有一点，改名得到公安局办理手续，很麻烦的。不过，你给自己起的这个名字还真好，特别有想象力，也非常震撼，这样吧，我们就把这个火蓝青当你的小名吧。"

阿杜说："改名还这么麻烦啊，那就算了吧。"

小学二年级的时候，在我的鼓励下，阿杜就常常梦想自己当一个超级漫画家，因此也常常自己动手写故事，有一次我看到他给自己的一个漫画人物写了这么一段介绍："星天一，火星人，3岁时来到地球，目的不明……"

我夫人看了阿杜画的"星天一"和下面的注释之后取笑他："3岁时来到地球，目的不明……"后来我夫人和公司的同事说起了这件事，这些人看见阿杜就逗他："3岁时来到地球，目的不明……"开始的时候阿杜还觉得挺好玩，后来就烦了，谁一说这事他就急。我知道了这事，当着阿杜的面和公司的同事说："你们懂什么？现在人们一直都没弄清楚宇宙的其他星球有没有生命的存在呢，我们的地球说不定就是其他星球上更高级的生命建立的自然保护区呢，说不定你们身边哪个人就是外星球派到地球的间谍呢，有什么笑的，你们还没有一个孩子有想象力呢，还笑话孩子……"

这样的事情还有很多。

真的，我觉得阿

▲阿杜在课堂上

杜的想象力非常丰富，也非常宝贵，所以每当我听到、看到阿杜说出一些比较离谱的事情，我从来不奚落孩子，而是鼓励他，赞赏他。你过多地讽刺孩子，久而久之孩子就会变得胆小，他的想象力就会受到抑制，逐渐就形成了思维惯性。试想如果他的创新常常被别人当成了笑料，创新就会成为他思维的禁区，这样的孩子怎么还会有创造性思维呢？

记得有这么一件事，是阿杜刚上初中的时候，当时的数学老师是一个大学刚毕业的实习生。那天，我翻阅阿杜的数学作业本，有一道题阿杜做对了，但是老师却给打了一个叉。

我问阿杜："这道题也没错啊？"

阿杜说："老师说我这道题没按着教科书的方法解，说我上课肯定没注意听讲，所以给我一个叉。"

我很震惊，怎么能这么不负责任地对待孩子呢？孩子没按老师和教科书上讲的方法解题，这本身就是一种创新，是应该表扬的事情啊！再说了，没按老师讲的方法做题就说明上课没注意听讲？这种推理就更错误了，如果我们的每一个行为和举动都严格地按着先人说的去做，按着领导要求的去做，社会还能前进吗？人类还有创新吗？

后来我为这个事专门找了那个数学老师，我说："我可以给您提一个建议吗？能不能在教学过程中更多地注意培养孩子的想象力、创新能

力？"我小心谨慎地斟酌着讲话的语气、词汇和语调。

"上次我检查阿杜的作业本，有一道题阿杜没按着教科书上的方法解题，但是答案是对的，您给打了一个叉，我觉得这个叉不应该打。您的用意我明白，是想告诉孩子上课要注意听讲，但是这个方式是不是有点欠妥？我觉得能不能这样，先表扬孩子：阿杜这道题用了和老师不一样的方法，很有创意，很有想象力，提出表扬。但是，我觉得阿杜可能上课没注意听讲，以后要注意上课认真听课，那样你会进步更快……"

最后我说："说的不一定对，希望老师别介意，我就是给您提一个建议，我觉得培养孩子的想象力、创造力是很重要的。"

老师还真的听进了我的建议。后来又有一次，阿杜解题的方法与老师的方法不同，老师还让阿杜到黑板上给大家讲解了自己的思路、解题方法，还表扬了阿杜。

成人的一着不慎，常常可能将孩子的天真、童趣全盘扼杀。所以提高孩子的想象力，培养孩子的创造力，必须从每一个细节考虑，经常和老师沟通，对孩子认真呵护，多鼓励，多表扬，不要过早地下结论。

看看阿杜怎么说：

失去了的想象力

小时候，爸爸送我去学素描。当时的我对此并不擅长，总是照着现成的瓶瓶罐罐画来画去，真没意思！那时的我最擅长的是拿着彩笔在纸上一顿涂鸦。我将云彩画上了眼睛，将大楼画上了轱辘……当时，老师和爸爸一顿批评，说画这种东西没有出息，于是我只好专心地去画素描。

转眼，我画素描五六年了。一次，爸爸拿起我的作品审视，一看到我临摹某某大师的作品就说好，一看到我自己独自完成的画就苦着脸说："这张不好！"于是我告诉他："那些你认为好的都是临摹某某大师的作品，能不好吗？那些你认为不好的作品，都是我自己创作的！"

父亲的脸立刻严肃起来，他好半天没有说话，眯起眼睛更认真地审视起我的画来。我也不吱声，18楼的房间里顿时一片寂静。相信，那时我们父子二人都在想一个同样的问题：为什么只有抄袭别人的作品时才能画出所谓的"好画"，为什么自己就不能画出好的作品？

良久，父亲带着一种惭愧的神情对我说："儿子，你现在的画，问题在于没有自己独特的东西，缺乏想象力、创造力！你对绘画没有自己的认识，所以你只能照搬别人的东西！"

父亲的话我理解，但是说起来容易，做起来难。想象力已经随着每天的临摹一点点消失了！大脑里根本就

▲阿杜作品《海滩·猫·少年》

没有想象的空间，而真正将现实的东西化为自己的东西就更难了！手根本就不沿着想象的方向使劲，而是按着习惯的方向用力。

这是我们共同的失误。父亲为了使我的画技迅速提高，急功近利，而忽视了艺术的生命——想象力的培养！我自己呢？为了获得家长和老师的表扬，一味地临摹，很少去自己创作，导致了现在这种状况。

此时，我才充分认识到了想象力的可贵。

想象力不仅是艺术创作的重要元素，许多发明创造也是在想象的前提下诞生的。然而，不知道有多少人，他们像我一样，一味地模仿别人的产品，而不敢自己去开发、研究、创造，使我们民族的创新精神、能力，使我们民族的科技水平都甘拜他人的下风。

创新是一个民族的灵魂。为了我们民族的灵魂，让我们每一个人都开动自己的脑筋，让想象的翅膀在蓝天上自由自在地飞翔。

2004年4月25日（初三作文）

第一章 健康快乐最值钱，会玩的孩子更优秀

6．我就是那个著名的《马桶》

　　孩子的经历是有限的，很多他没经历过的事情做家长的要想办法和孩子一起去经历，一起去面对。每一次小小的成功都将增强孩子的自信，都将增加孩子的阅历，每一次战胜困难的过程，都将成为孩子成长史上的一个里程碑。而每一次失败，都可能成为孩子下一次成功的助推剂、铺路石。

　　1998年12月，阿杜小学五年级。有一天吃晚饭的时候，他突然和我说："爸，今天我们开班会的时候，老师说今年的元旦晚会让我们自己主持，让我们自己报名当晚会的主持人，结果谁也没报名，后来老师说让我们回家再想一想，谁想当主持人明天到她那报名。"

　　我听出来了，阿杜想当主持人。我就问阿杜："想不想当这个晚会的主持人？"

　　阿杜说："想，可是我没主持过，怕主持不好。"

　　我说："阿杜，没主持过不是问题，爸爸可以帮助你，爸爸主持过很多晚会，我有经验。"

　　"你跟我一起主持我们的晚会，有点太丢人了吧？"

　　"不是我和你一起主持晚会，我只是帮你搞策划，主持还得你自己去完成。"

　　"你先说说晚会我们都搞些什么节目，我看你搞的那些东西能不能行？"当时阿杜才十二三岁，他已经自信到不相信他的老

▲阿杜在主持班级晚会

爸了。

我说："你看，你可以给我提供一些你们同学的名字，我们挑一些有趣的把他们编成谜语，记不记得我们在五彩城猜谜语，咱们一下子得到一背包奖品，这个节目一直都是我最拿手的。"

……

那天晚上，我和阿杜一起编排了整个晚会的策划方案，有猜谜语、击鼓传花、抢椅子、说反话，等等，阿杜把它们一一写在了纸上，准备向老师汇报。

第二天晚上我一进屋阿杜就兴奋地向我汇报："老师说咱们的方案可以，让我主持今年的元旦晚会。"

那次，阿杜主持的晚会获得空前成功，得到全班同学的认可，结果他这个晚会的主持人，从小学一直做到了大学。

刚上初一的时候，也是元旦前夕，班主任问大家："下周咱们要开一个元旦晚会，看看谁可以当咱们晚会的主持人？"

阿杜有四五个小学的同学现在是一个班的，他们几个死党异口同声地向老师建议："阿杜当过主持人。"于是，老师说："那好，今年的晚会就由阿杜主持，阿杜你再找两个人，你们一起主持。"

这个时候的阿杜已经完全甩掉了我这个拐棍，我问一问晚会的情况他都懒得和我说："嗨，我现在已经完全可以独立完成这样的晚会了，就不劳您大驾了，等我把策划方案弄完您老帮我审核一下就可以了。"

这次晚会正好赶上班级里有一个同学过生日，阿杜灵机一动把这个元素也加到了晚会里，自己还编创了一个小品，加上他的传统节目猜谜语等等，晚会再次获得空前成功。从那次开始，初中三年，高中三年，阿杜班里的晚会都是他主持的，他的口才、策划能力、应变能力、组织能力都得到了很好的锻炼。主持晚会的次数多了，阿杜变得日益成熟起来，无论舞台下面、讲台下面有多少人在观看、倾听，他都能应对自如。

刚上大连十五中的时候，学校组织高一的学生参加军训。军训结束那天大家在操场上等大客车，这时部队领导觉得大家这么站着挺尴尬的，就让战士到台上给大家唱歌，战士唱了两首之后开始喊号子让十五中的同学

也来一个。事情来得比较仓促，学校领导没有准备，同学也都是刚刚认识，谁也不知道谁的底细，学校领导站在台上声嘶力竭地喊了几嗓子，下面的学生一点回应都没有。阿杜一看，这多给学校丢脸啊，他勇敢地举起手大声说："我给大家唱一首。"

说完，阿杜大胆地向前台走去。学校领导大喜，总算没有在战士面前丢份。阿杜一边走一边想：我得有点范儿，咱不能唱那些大路货歌曲，最好唱一个与现在这种场合不太搭调的歌，活跃一下这十多天沉闷的气氛。谁也没想到，阿杜给大家来了一首刘德华的《马桶》：

我的家有个马桶，马桶里有个窟窿，窟窿的上面总有个笑容……我的秘密太多，我的梦想太重，你会慢慢地懂，亲爱的马桶……

歌声戛然而止，台下掌声为之雷动，很多学生竟然吹起了口哨："再来一个，马桶！"那个学校领导竟然上台一下子给阿杜来了一个熊抱："唱得太好了。"

第二天阿杜上厕所的时候，另外一个班的同学在门口和阿杜走了一个顶头碰，那人看着阿杜愣了好一会，仿佛认识又一时说不上名字来了，想了半天突然说："马桶？"

阿杜很自然："对，我就是那个著名的马桶。"

在刚上高中最初的一个多月里，阿杜的大名就这样被马桶取代了。

你想一想，如果没有最初那次元旦晚会的历练，站在舞台上，阿杜能像一个范儿似的这么挥洒自如吗？任何事情都会有第一次，有了第一次就会有第二次、第三次……无数次这样的历练，使孩子的自信步入了良性循环的轨道，他在某一个方面、某一个领域就成熟起来了，受益终生。很多时候，可能就是小时候的某一个很不起眼的举动，却成为孩子走向未来的一个起点。没有古时的嫦娥奔月，就没有现在的宇宙飞船；没有弱不禁风的小苗，就没有刺破苍穹的参天大树。

看看阿杜怎么说：

分手时，我们不流泪！

转眼间，三年的初中生活结束了，对于我这个厌学的坏学生而言，感觉学习是一件苦闷无聊的差事。这三年漫长的时光里，给我留下美好回忆的，只有同学之间真挚的友谊。

还记得初二时，我们班在全校纪念一二九学生运动的长跑比赛中大获全胜，大家自发决定，晚上到学校开一个PARTY，当天正是我们班阿楠小姐的生日，于是，我们三个主持人决定，在本已经炫到极点的节目安排中再增加一项特别节目……

当晚，有几个同学曾说不来，但是最后还是被同学们的热情和节目的精彩所吸引，统统到场。大家被兴奋的情绪所激发，个个精神抖擞，大家自然地围成一圈，一边大吃大喝，一边谈笑风生，一边观看我们班各路高手的动情表演。

一个精彩的节目刚刚结束，突然教室里的灯一齐熄灭了，室内漆黑一片。几位男生恶作剧地发出了各种各样的怪叫，几位靓女因害怕也发出了一声声夸张的尖叫。稍顷，怪叫和尖叫在主持人惊堂木的敲击声中停止了，屋里出奇地静，有一种万籁俱寂的感觉。这时在柔和的烛光中，《祝你生日快乐》的音乐悠扬地在教室里响起……音乐声中，主持人之一的飞飞和乐乐推着一个餐车从门外走入教室，餐车上放着一个夸张的大蛋糕。这时，教室的灯光在瞬间发出了耀眼的光芒。

"今天是阿楠小姐的生日，让我们共同记住这美丽的时刻，留作未来幸福的回忆，让我们一起为她祝福。"

我的话音刚刚落地，同学们就随着音乐一起唱起了《祝你生日快乐》……阿楠小姐兴奋、快乐、羞涩地走上了讲台，后边的同学马上将生日帽戴在了她的头上。

歌毕。我面带邪意地对阿楠说："你看，那蛋糕上有一朵鲜花，今天你是主角，请你用嘴将蛋糕上的花叼下来，然后我们好为大家分吃蛋糕，分享你的快乐！"飞飞和乐乐不禁相视一笑，哈哈！我们三个人的阴谋正

式开始了。

　　阿楠不明所以，天真地来到了蛋糕前，浑不知厄运就要来临。就在她弯腰去叼那朵花的瞬间，我们三个主持人不容分说，一拥而上，七手八脚地将她按在了那个奶油大蛋糕上。霎时，教室里传出了一阵爆笑，声音在没有介质传播的太空中都能够清晰地听到！

　　阿楠在一刹那由一个温柔美丽的小姐变成了一个面目全非的大花脸。

　　我们问她："什么感觉？"

　　她说："蛋糕上的奶油真甜呐！"

　　……

　　每当我想起这件事，总是忍俊不禁。虽然初三结束后大家将各奔前程，但是今生我们有这样快乐的聚会，有这样一段难忘的快乐时光，有如此幸福甜蜜的回忆，已经足够了！

　　分手时，我们不流泪！

2004年10月12日（高一作文）

·第二章·

心态决定命运，优秀孩子自信阳光

失去金钱的人损失甚少，失去健康的人损失极多，失去自信的人将损失一切。自信就像生活中的阳光，它照耀到哪里，哪里便一片光明。一个人能否有一个积极的人生态度，能否获得事业的成功，能否得到快乐的生活，关键看这个人有没有自信。

1. 驱走孩子心中的魔鬼

孩子的自信不可能与生俱来，要靠父母的培养、呵护、鼓励。可以说从孩子生下来那一天开始，培养孩子自信这件事就已经开始了，从每一个细节开始，正是这些细节的堆砌才构筑起一个人自信的丰碑。

孩子从母亲温暖、安全的子宫里爬出来，来到这个陌生的，充满了疾病、细菌、病毒，充满了危险、欺骗、竞争的世界，他是带着恐惧来的。所以，从孩子诞生那一天开始，父母就有一个神圣的责任：要让孩子逐渐地适应这个危险、陌生的世界。

细心呵护你的孩子，让孩子逐渐地大胆起来。就拿孩子哭泣这样的小事来说吧，我们从来不打孩子，也不大声地呵斥孩子，当然也不允许别人打孩子、呵斥孩子。襁褓中的孩子无缘无故是不会哭泣的，你需要做的不

是敲打和呵斥，而是寻找孩子哭泣的原因。你的敲打和呵斥只能使本来就害怕这个陌生世界的孩子变得更加胆小。

孩子会爬的时候，我们经常把孩子放到地下，让孩子随便爬。有些父母不是这样，他们怕床上的孩子摔到地下，于是就想尽办法吓唬孩子："再爬就掉地下了，把腿摔坏了！"虽然孩子还不能全部听懂你的语言，但是从大人声嘶力竭的恐吓里孩子感觉到了恐惧，在孩子幼小的心灵中形成了阴影，他在行动的时候首先学会的是畏缩。

所以，孩子会爬行、会走路的时候，你就让孩子在床下尽情地爬行，摔了跤你也不要去扶他，让他自己站起来。

生活中多鼓励你的孩子，而不要吓唬孩子。等孩子稍微大一点的时候，要尽可能多地让他干一些和他的年龄相适应的事情，让他得到锻炼。比如，阿杜三岁的时候我们就让他自己到小卖店里去买他要的东西，再后来像买酱油、买味精这样的事情我们都刻意地交给他去办，不是我们不愿意去，而是通过这些事情逐渐地让孩子学会与他人打交道。孩子把事情做得很好，我们就鼓励孩子，孩子哪里做错了，我们就告诉孩子，让孩子按着正确的方法再做一次。等到孩子五六岁，我们领孩子上饭店，孩子中途想要饮料或者想要添加什么的时候，都是自己去找服务员理论，吃完饭也让孩子去结账，我们远远地看着他。

就是这样，放手让孩子做一切他力所能及的事情，而父母时刻站在远处欣赏他，而不是越俎代庖，指手画脚。

在参加一些朋友聚会之类的事情时，我们从来不把孩子自己放在家里，我们领着孩子，让孩子见世面，接触社会，熟悉这个对他来说还比较陌生的世界。在这种接触社会的过程中，给孩子打好预防针，告诉孩子哪些是应该做的，哪些是不该做的。

记得阿杜三岁的时候，有一次我们领着他到外面散步，他在前面兴高采烈地跑着、跳着，简直是忘乎所以。我和夫人说："咱们藏到汽车后面，看看他发现咱们不见了是什么反应。"我们蹲在汽车后面观察他，他还没有发现我们的举动，继续在前面玩着，好长时间之后，当他一回头，发现我们不在身后，神情立刻紧张起来，他回过头走了一段，依然没有发现我们，于是"哇"地一声哭了起来……

我们马上从汽车后面跑了出来，夫人一把将孩子抱到怀里，我从夫人怀里抢过孩子："阿杜，不要怕，爸爸妈妈和你藏猫猫呢。再说了，即使你真的和爸爸妈妈走散了也不要怕，你一哭别人就会发现你和父母走散了，坏人就会趁机把你领走了，知道吗？一旦发现和爸爸妈妈走散了，找不到爸爸妈妈了，你首先应该找警察叔叔，然后把咱们家的地址、爸爸妈妈的名字告诉警察叔叔，警察叔叔会把你送回咱们家的。再说了，你勇敢一些，自己也可以找到家啊！"

孩子流着眼泪点了点头。

这件事告诉我们，孩子毕竟太小，他们在陌生的环境里会产生恐怖、胆怯、孤独的心理，他们需要父母的鼓励、关心、支持。

我们刚到大连不久，单位给了一套房子，两室一厅。我与只有3岁的阿杜商量，让他自己独立拥有一个房间，我们告诉孩子夜里上厕所怎么开灯，怎么关灯，怎么盖被，有自己解决不了的问题怎么找爸爸妈妈……孩子站在给他准备好的房间里，不仅没哭没闹，而且很兴奋，每天他很自觉、很情愿地睡到自己的房间。

孩子的大脑里有很多空白的地方，小时候告诉他的事情可能会留在大脑里一辈子，甚至想拿都拿不掉。我曾经给孩子讲过《渔夫和魔瓶》的故事，故事讲完了孩子就问我："世界上有魔鬼吗？"借着这个故事我就告诉孩子："世界上根本就没有魔鬼，妖怪、神仙、地狱、天堂都是不存在的东西，是大人编来吓唬小孩的，咱不怕。"在给孩子讲故事的过程中，告诉孩子真实世界是一个什么样子，驱走孩子心中的魔鬼。不仅让孩子懂得什么是善恶、什么是对错，也增长了孩子的知识，这种良性互动使那些正确的人生理念不断得到强化，锻炼了孩子的胆量。什么大狗熊、大老虎、老耗子……这些人们习惯了的吓唬孩子的东西，在我们的生活里从来就没有出现过。

但是孩子毕竟还太小，没有经历过的事情很多，害怕的事情也会经常发生。

孩子最初一个人睡的时候，有一天夜里天空中突然打了几个非常震撼

的炸雷，孩子怯生生地跑到了我们的房间。躺在我们两个中间，黑暗中我对孩子说："阿杜，我来给你讲一讲天上为什么要打雷好不好？"阿杜说："好。"我说："天在下雨之前，空中有两种东西会突然增多，你可以想象着把这两种东西当成两伙对立的军队，他们每一个人都像张飞一样手里拿了一对大铁锤，他们在互相对打的时候，无数的铁锤相互撞击，这声音合起来就是我们听到的雷声。"阿杜问："天空中突然增多的两种东西是什么？"我说："它们一种叫正电荷，一种叫负电荷，等你长大了，你自然就能知道它们的样子了。现在你不需要知道它们是什么东西，你只要知道打雷的时候是两种东西在天上打仗就行了，它打它们的，咱睡咱们的，不用管它，也不用害怕。"

再打雷的时候，孩子说："天上又打架了。"他不再害怕了。

孩子太小，害怕也是正常的事。但是，家长必须注意，千万不能吓唬孩子，应该耐心地为孩子讲解出现这种现象的原因，驱走孩子心中的魔鬼，让孩子变得大胆、勇敢起来。

看看阿杜怎么说：

那一次我真的哭了

班上有一名同学转学走了，班里开欢送会道别。虽然是"欢"送会，但是晚会接近尾声的时候还是有许多同学过于激动，泣不成声。

我十分惭愧，我竟然一滴泪也没有淌出来。我坐在那里自言自语地说："唉，我怎么就没有那么丰富的感情呢？"旁边一个同学接过话茬说："你那冷血样，还会哭！"

同学的话不禁使我想起幼时的一次危险经历……

那时我大概小学一二年级，正逢暑假，我到老妈工作单位去写作业。写了一会，感觉屋里的空气很闷，就到外边去玩耍。

院子的中央有一个马葫芦，马葫芦的里面堆积了一些垃圾，但是这些并没有引起我的注意。我在院子里模仿漫画人物的各种招式，一会马步、一会猴拳、一会旋风腿……我玩得正起劲，纵身一跳，在空中来了一个旋风踢腿，别人看了我的动作可能认为我是一个神经病，但是我自己心里却以为自己算得上是一个"武林高手"，陶醉在自己那恶心的动作中。

就在我得意忘形之际，突然感觉耳边风声不对，鼻子里气味也不

▲阿杜在练他的旋风腿

对。睁开眼一看，眼前只剩下观天之井口，脚下则是一大堆臭气熏天的垃圾。待我醒过神来，不得不对自己说："我好像掉进马葫芦里了！"当时我并没有害怕（果然如我那同学所说"冷血"），正所谓无知者无畏。当下立刻想起了《脑筋急转弯》里的一个问题："一小偷逃至死巷，警察堵在巷口，为何不见了小偷？答案：原来巷子甚窄，小偷手脚左右一伸便爬了上去。"我立刻依样画葫芦，有样学样，轻易地爬了上去。

屋内老妈等人根本就没有发现这个意外。我想，一定要当众发布这个惊人的新闻，让大伙瞧瞧我的"厉害"——掉进马葫芦还能自己爬上来！我快步走进屋里，老妈等人正在忙碌着，我高声叫道："妈，我掉马葫芦里了！"老妈吓了一跳，一时没有缓过神来，我只道老妈被我的厉害惊呆了，接着说："没事，我老厉害了，我自己爬上来的……"话还没有说完呢，就感觉后脑勺火辣辣的剧痛。随手一摸，只见满手是血，不禁慌了起来，语无伦次地喊道："头出血了！我要死了……会不会死？"边说眼泪就止不住地簌簌流了下来。刚才急于从马葫芦里爬出来，什么都没有在意，现在只觉得后脑勺剧烈疼痛，天旋地转。

后来的事情记不太清楚了，只知道爸爸妈妈把我送到医院缝合。凑巧在我前边有一个男孩正要缝合手臂伤口，医生让我稍候，我却大喊："他那是胳膊，我这是头耶，头出血了，要死了！"喊着喊着，登时又泪流满面。

现在才知道，那时的伤口并不会致命，但当时我印象中以为只要是头

部流血就一定是生死攸关的大事。

即使是现在的我，如果被死亡的阴影笼罩，也许我仍然会大哭一场的。可见当时我并不是由于年幼怕疼，而是真的被死亡的恐惧吓哭了。

2001年10月25日（小学六年级作文）

2. 液化气大爆炸

小孩子的内心是比较脆弱的，身边发生的一些不好的画面一旦进入他们纯洁的眼睛，就会形成非常强烈的刺激，对小孩子的人生、未来甚至是思想和行为都可能产生不可磨灭的影响。

阿杜五六岁的时候，我们小区曾经发生了一次液化气大爆炸事件，对阿杜的刺激不小。

那天，从幼儿园接阿杜回来刚进屋不长时间，我正在厨房做饭，阿杜在他自己的房间里忘乎所以地画着他的擎天柱、霸天虎。突然，外面一声巨响，我们家的所有玻璃窗都被震得稀里哗啦乱响一阵，爆炸声是从我家对面一栋楼的一户人家传出来的，那户人家正好和我们家面对面，距离都不到30米。但见那户人家所有的窗户瞬间被炸得粉碎，铝合金框被扭成了麻花，碎玻璃漫天横飞，那户人家的女主人，被大爆炸产生的强气流从三楼的厨房抛到了地面，烧焦的面孔扭曲变形，污血满面。

后来从救援人员的口中知道：是液化气爆炸。

女主人下班回家一进屋就嗅到屋里有一股液化气味，警觉的女主人马上意识到：液化气罐漏气了！但是女主人太缺乏应急救险方面的常识，她急于要把房间里的液化气排放出去，下意识地揿动了排油烟机的按钮。排油烟机按钮被揿下的瞬间，电火花闪电一般地将房间里的液化气点燃了，大爆炸发生了。

救援人员和我们讲这些事情的时候，我就领着阿杜站在旁边，他一字不漏地把这些话都听进了耳朵，而且他跟在我后面天不怕地不怕地，非要去看被爆炸抛到地面的那个被烧焦了面孔的可怜女人。

结果，回到家里阿杜就提醒我："爸，你检查检查咱家的液化气罐，看看漏不漏气？"

从那天晚上开始，每到睡前阿杜都要从他的房间里跑出来提醒一句："看看液化气罐关没关？"每天如此。

让孩子懂得生活中的一些常识是必要的，比如液化气罐，如何预防漏气、怎样检查、漏气之后如何避险；再比如，如何预防小偷、诈骗，地震发生时如何逃生，等等，这些东西很有必要讲述给孩子们，但是决不能用血腥、暴力、危险的实例去刺激孩子。

后来，我找来了一本关于液化气罐安全使用方面的小册子，详细阅读了一遍，给阿杜讲述了相关的安全常识，并一起分析对面楼上大爆炸发生的原因，并且特意更换了刚刚换上去不久的液化气管，目的就是要消除孩子铭刻在心底的不良记忆。

费了好大的工夫，阿杜心理上的阴影才逐渐消除。

阿杜心理上的阴影是消除了，但是在我的心里却留下了一个疙瘩，引起了我的思考：小孩子的心理是脆弱的，经受不起残酷、阴暗、丑陋、污秽的刺激，所以为了孩子眼前的那片灿烂的阳光，为了孩子心底的那块纯洁的圣地，在日常生活中一定要避免孩子受到不良的刺激，要多向孩子展示人性最美好的一面、社会最光辉的一面，要让孩子尽可能去看月亮发光的那一面，而黑暗的那一面可以待他成熟之后再让他自己去发现。

这是孩子成长过程中很重要的一个环节，我们当家长的真的应该引起足够的重视。目前我们经常在网络上、报纸上看到一些变态的犯罪者，这些人心理扭曲、人格卑下、思想阴暗，这样的人多半是因为在幼年、童年时期受到过不良的刺激。

心理学认为，心理变态有多种表现形式，可根据不同的标准或其严重程度分类。按心理过程或症状，可分为感觉障碍、知觉障碍、注意障碍、记忆障碍、思维障碍、情感障碍、意志障碍、行为障碍、意识障碍、智力障碍、人格障碍等。其实所谓心理障碍，也就是心理上有一道过不去的坎儿、一道鸿沟。而不良的刺激常常在孩子们的心里形成不可逾越的那道坎儿、那道鸿沟。

看看阿杜怎么说：

一件令人难过的事

今天，我和妈妈买完菜刚刚走出市场的大门，看见外边黑压压地围了一群人，人们七嘴八舌地议论着什么，显然事情引起了大家共同的关注。

我和妈妈随着人流被拥挤到了包围圈的前面，使我看到了丑陋的一幕。

原来是一个执法者和一个卖雪糕的阿姨在争吵。我对这种事情是没有什么兴趣的，扯着妈妈就要往外走，就在这个时候，执法者飞起一脚，将阿姨的雪糕箱子凌空踢起，就像一个勇猛的足球运动员踢脚下的足球一样自然。各形各色的雪糕花花绿绿叽里呱啦滚了一地。阿姨急忙蹲下身来拣地下的雪糕，生怕被人踩碎。

那位执法者好像看见他人的不幸自己就会快乐一样，嚣张地大声吼叫着："以后别再让我看见你，不然我就看到一次踢一次，让你和这雪糕一样满地滚！"说完，他一脸不屑地背着手向人群外走去。

人群中立刻嚷嚷起来，但是这并没有引起执法者半点同情心。那个卖雪糕的阿姨拎着脏乱的雪糕，麻木地站在那里一动不动，欲哭无泪，茫然无措。

因为我还很小，社会上的事情还弄不太懂，也不知道这里面的玄机，关于是和非、对和错、法与情等等还搞不太懂，但是我还是懂得同情弱者，谴责那个霸道的"强者"。

通过这件事情，我明白了一个道理：谁弱小谁就会被欺负，不想被他人欺负，你就要比他人更强。

通过这篇作文我们看到，这件事在孩子的内心已经形成了典型的弱肉强食理论，这就是不良刺激的后果。

所以，为了孩子与生俱来的、骨子里就有的那份滚烫的热情、温暖的阳光、透明的纯洁、可爱的善良……请多给孩子讲一些善良的故事，多听一些优美的音乐，多看一些积极上进的书籍，多展示一些社会的光明和正义。这样，你的孩子会变得更热情、更阳光、更纯洁、更善良、更积极、更正义……

3．站在窗台撒尿的男孩

刚到大连两个多月的时候，阿杜得了水痘，因为水痘是传染病，幼儿园让阿杜在家休息，而我和妻子刚刚在大连开发区找到工作，我才上班不到一周，不敢请假。万般无奈之下我们只好让孩子一个人待在家里，但是又担心孩子把脸上的水痘弄破，所以就给他戴上一副手套，千叮咛万嘱咐："千万不要挠破脸上的这些小痘痘，挠破一个小痘痘，脸上就会多一个坑，将来就不漂亮了。"孩子点头，一点没有因为有病而在我们面前撒娇。我们单位离家比较近，骑自行车就三五分钟，所以每天上午10点、中午12点和下午3点，我会回家一趟看看他，就这样一直坚持到孩子痊愈。

这期间，孩子妈妈发现了一件奇怪的事情，每天下班回来，她都发现窗台上有一汪水，而那些天一直也没有下雨，他妈就好奇地问孩子："阿杜，这窗台上的水是从哪来的？"

阿杜就笑着说："妈，那是我撒的尿。厕所里老有哗哗的声音，我不敢进去，有尿的时候我就站在窗台上撒尿，有时候就尿到了窗台上。"

于是我就领着孩子来到卫生间，当着孩子的面把马桶里的水放掉，然后问孩子："你听到的声音是不是和这个声音一样？"阿杜点头说："是，我上厕所的时候上边突然就会出现这样的声音，水能不能淌到咱们家来？"

我说："不能，孩子。你看，咱们住的是楼房，在咱们的上边就是另外一家人，他们家上厕所的时候也得放水冲掉马桶里的脏东西，于是那些脏东西就会顺着这个管道并且经过咱们家的管道流到楼下的管道里，你听到的声音就是楼上放水的时候脏水经过咱们家管道时流动的声音，就和刚才我把马桶的水放掉的声音一样，知道了吗？不用害怕。"

孩子点点头，从此窗台上那汪水就不见了。

这就是自己带孩子的好处，你会教给孩子很多我们的长辈教不了的东西。这么说并不是贬低我们的长辈，他们受到的教育毕竟是有限的，而且

隔辈人比较娇惯和溺爱孩子，容易使孩子变得娇气，产生"自我中心"意识，形成自我、任性等不良个性。而且隔辈人的过分保护会扼制孩子独立能力和自信心的发展，增强了孩子的依赖性。

还有，长辈人的活动空间比较有限，信息量掌握得也比较少，而且祖辈深受传统思想的束缚，接受新生事物也比较慢，这会影响孩子创新个性的形成。

另外，长辈人教育意识的缺乏和教育方法的不当也容易使孩子的一些优秀品质得不到充分的发挥。诸如热爱劳动、礼貌、谦让、合作等等。

隔代教育作为一种客观存在的家庭教育方式，对孩子的个性发展有着极大的不良影响。所以，我们应该清楚地认识到隔代教育的利与弊，在发挥其教育优势的同时，认真克服种种负面影响，使孩子现有的家庭教育状况得以改善，使我们的孩子快乐、健康地成长。如果孩子的幼年、童年是被隔辈人带大的，多半对孩子的心理健康是不利的。

孩子的胆怯是怎么产生的？孩子的胆怯主要来源于陌生的人、陌生的事物、陌生的环境、陌生的社会。

孩子的适应能力是有限的，尤其是六岁以前这段时间，面对陌生的人、陌生的事物、陌生的环境、陌生的社会，如果孩子得不到父母的关爱，缺乏和父母沟通，他就会逐渐变得胆怯、封闭、内向。六岁以前的孩子分辨是非的能力是有限的，当孩子做错了事情，长辈人如果不告诉孩子错在哪里，正确的做法是怎样的，而是一味呵斥孩子，他再做其他事情的时候就会变得畏首畏尾，甚至不敢做任何事情了。

我认识的一个朋友，孩子已经3岁了，一直都是姥姥带着，也没上幼儿园。姥姥是山东人，一口标准的山东非标准普通话，结果孩子也说出一口的山东非标准普通话。姥姥在家中不只带孩子，还做一些家务活，有时候把孩子放在那里就忙自己的家务，孩子稍微想活动一下，做点自己喜欢的游戏，姥姥的呵斥就响起来了："大老虎来了，快坐下，不然大老虎咬你雀蛋……"

就这样，现在孩子已经3岁多了，一直不敢见生人，见到生人也不敢说话，一般要一两个小时的时间才能完成预热过程，才能和生人亲近起来。

所以，在条件可能的情况下，你一定要自己带大你的孩子，不要不负责任地把孩子往奶奶、姥姥那里一扔了事。孩子上小学的时候你也不应该只想着自己玩而把孩子送到寄宿学校去。多陪伴你的孩子，多和你的孩子交流，成为孩子最亲近的朋友，这对孩子的成长是相当重要的。就拿我们的阿杜来说吧，孩子3岁的时候，我们从老家迁到大连，身边一个亲戚朋友都没有，孩子上幼儿园也很成问题，然而就是在这种艰难的条件下，我们还是坚持自己带着孩子。

据世界卫生组织、世界银行和哈佛大学的一项联合研究表明，抑郁症已经成为社会负担第二大疾病，目前中国抑郁症患者总数估计有2600万人。目前我国有50%—80%的抑郁症患者不寻求治疗，15%—25%的抑郁症患者最终死于自杀。

抑郁症大多由长期的消极心态导致。倘若孩子在生活中长期受蔑视、冷漠、抛弃，心理长期自卑，久而久之就会抑郁成疾，导致抑郁症的发生。缺乏父母之爱，这也是导致孩子抑郁的一种原因，常见的包括父母离异、丧亡、不和、长期不在身边等等，这些大的家庭动荡会给孩子幼小的心灵蒙上阴影。

4. 从《包公审石》到《蜜蜂引路》

语言是人类进行交流、沟通、获取外部信息最重要的工具，当孩子会讲话之后，当家长的就应该努力地开发孩子语言表达方面的潜能。权威资料显示，3岁之前孩子就已经掌握了他一生语言的70%，3—6岁是孩子学语言最快的时期，这个时候你一定要下工夫提高孩子的语言表达能力，还要培养孩子的想象力、记忆力、思维力、表演能力和创作能力，使孩子的智力得到全面培养和发展。

首先是胎教，怀孕期间最好经常看一些有益于身心健康的电视节目，多听美妙的音乐，让胎儿跟你一起学会倾听。孩子出生之后，不管孩子能不能听懂你的语言，你要经常和孩子聊天，等孩子能听懂父母语言的

▲阿杜作品《寒风中的温柔》

时候，你最好每天给孩子阅读童话、故事，孩子会说话之后，你给孩子讲完童话之后，最好想办法让孩子经常把自己听过的童话、故事讲给别人听，锻炼孩子的记忆力、语言表达能力。

在阿杜1岁半的时候，我已经开始给他讲童话了，3岁的时候阿杜已经可以非常完整地给别人讲故事了。

记得我们去参加一个同乡会，当时是领着孩子去的。我们大人一边饮酒聊天，一边唱卡拉OK。这时一个老乡看阿杜很无聊，就逗孩子玩，对阿杜说："你也给我们表演一个节目吧。"

阿杜却很认真地说："我不会唱歌，我会讲故事。"

老乡笑了："讲故事好啊，那就给大家讲个故事吧！"

这是阿杜第一次在公众面前表演，他还有点胆怯，说："我怕讲不好。"

这时我夫人说："没事，在家里给爸爸妈妈讲得不是很好吗？就和给爸爸妈妈讲一样，下面大家欢迎我们家阿杜给大家讲一段《包公审石》，大家鼓掌！"

阿杜并没怎么太执拗，他拿起麦克风一字一板地给我们讲了起来，感情丰富，语言流畅，一点打哏的地方都没有。我们给孩子讲童话的时候并没有让他背诵这些童话，但是他讲述的时候，就像背诵下来的一样。没有半句方言土语，完全是书面语言，为什么呢？因为我给孩子讲童话的时候都是照着书本阅读，不用口语讲，这种训练使孩子的书面语已经能够运用自如了。

这是小规模的，更大规模的一次是在列车上。

那是阿杜4岁的时候，我们一家三口坐火车回老家过年，我们对面坐的是两个解放军战士。解放军从上车开始就和阿杜聊天，他们竟然没把阿杜问住过，两个解放军喜欢上了阿杜。列车走了两个多小时之后，其中的一个解放军从背包里取出几个大苹果，对阿杜说："你给我讲一个故事吧，我给你一个大苹果。"

阿杜根本没和解放军讲价钱："行，你想听什么故事？"

孩子这一问还真把解放军给问住了，解放军说："你都会讲什么故事？"

"我会讲很多故事，《包公审石》、《蜜蜂引路》、《小红帽》、《美人鱼》……"

解放军说："那就给我们讲一个《蜜蜂引路》吧。"

解放军有意难为阿杜："你得站在这个桌子上给整个车厢里的人讲！"

我尝试着问阿杜："你敢不敢？"

阿杜点点头："敢。"

孩子有这个胆量我害怕什么，我把阿杜抱到了列车的茶几上。阿杜面对满车厢陌生的面孔大声地说："我给大家讲一个故事，故事的名字叫《蜜蜂引路》：1922年，列宁住在莫斯科附近的一座小山上。当地有一个养蜂的人，列宁常常请他来谈天。有一天，列宁想请那个人谈谈怎样养蜜蜂。可是平时派去找他的那个人到莫斯科去了，别人都不知道他住在什么地方。列宁知道养蜂人住得不远，就亲自去找他……"

阿杜的故事讲完了，全车厢的人都为他鼓掌。我们真的不知道这孩子竟然有这般胆量，从那时开始，我们更注意孩子语言表达能力的培养了。

那是阿杜高一开学的前几天，他初中时的校长给我们打来一个电话，说让阿杜参加他们初中的开学典礼，而且就请了阿杜一个往届毕业生，我想，这也是学校给孩子的一份荣誉吧，也是锻炼孩子的一次机会。和阿杜商量之后我们就同意了，当时恰好也是高中开学的第一天，我们只好和高

中老师请了一个上午假。阿杜平生第一次被请到了主席台上，左边是他们的牛校长，右边是教导处主任，阿杜俨然一个小大人一般坐在了他们中间。这时牛校长悄悄地和阿杜说："阿杜，你想一想，一会你得给你的学弟学妹们讲几句。"

昨天只是告诉让来参加一个开学典礼，并没说发言的事，这不是突然袭击吗？这都什么时候了，也没有退缩的余地了，怎么着也不能掉链子啊！

校长和老师、同学纷纷上台讲话，阿杜只好一边听大伙讲话一边打腹稿，校长还担心呢：太仓促了，阿杜能不能讲好？

轮到阿杜上场了，阿杜竟然出奇地镇定，他说："9月金秋，乘着北京申奥成功的东风，我们即将迎来教师节、国庆节，可以说这是一个三喜临门的好时候。今天我有幸回到我曾经学习了三年的母校，有幸参加这样一个隆重的开学典礼，感到非常荣幸……"

后来我遇到阿杜初中的老师，老师还和我说呢："阿杜这孩子虽然课堂也爱在下面讲话，但是人家在讲台上也能讲，那天开学典礼阿杜能脱稿讲话，真有范儿！"

这都是一点一滴积累的，抓住每一次可以利用的机会，让孩子展示自己、充实自己、锻炼自己，最后才能战胜自己。

看看阿杜怎么说：

单刀赴会

中午自由活动的时候，眼镜不慎被高义军迎面打来的沙包猛烈击中，上课的时候真的成了睁眼瞎了。所以放学以后决定马上到眼镜店走一遭。

事情在心里是这么决定了，但是放学之后真要去的时候我又踌躇起来，毕竟过去都是有爸爸或者妈妈陪同的，今天我一个人去眼镜店，人们能理睬我吗？心情不知不觉又紧张起来。这样一边想着，一边走着，很快就到了眼镜店门口，心里想起了前几天看漫画书时的一句话：勇者无惧！怕什么？这么想着不容分说，我已经破门而入了。

迎面而来的正是为我配眼镜的那位叔叔，还没等我吱声呢，叔叔主动地问候道："你好，朋友！有什么需要我帮忙的？"

"你好，朋友！"我和他至少也能相差20多岁，他竟然没有把我当成"小朋友"，而把我当成"朋友"，够朋友！我心里在这么短暂的时间里迅速地思考着应对的方案，听到他叫我"朋友"，我的精神马上放松下来，加上我和他熟悉，所以就很自然地走上去说："叔叔，我的眼镜被同学打了一下，镜架歪了，怎么也戴不上了，我自己调整了几下也没有搞好，能不能帮我调整一下？"

那个叔叔笑了笑说："这很简单啊！"

说着，他从抽屉中拿出一把专用的钳子，开始为我调整镜架，一边调整还一边给我讲解了一些眼镜养护的常识。调整的过程出奇地简单，调整结束后又为我在超声波的清洗池里清洗了眼镜！整个过程都是免费服务。临走的时候他还送给我一个卡片，上边有很多他们连锁眼镜店的地址和电话。服务的态度真是让人舒服。

戴上眼镜，我对叔叔表示了谢意，推开门和叔叔告别。

哇噻，眼前一亮，真是爽啊！面前的天空、流云、高楼、大山、人群是从未有过的美丽，从未有过的清晰。我高兴地迈着小碎步向家中走去，一边走一边哼着F4的歌，心里想，往后我要是自己出去流浪，看来也没有什么问题了，勇者无惧！什么事情只要勇敢地面对，都不过是小case！

2003年3月13日（初二作文）

◎ 5．让人生的舞台再大一些

中国的教育改革喊了多少年了，素质教育也提了多少年了，但是我们培养出来的学生仍然是只会考试不会做事的孩子。我们拿了太多的数学奥赛的冠军、物理奥赛的冠军、化学奥赛的冠军，但是却拿不到一个发明创造的诺贝尔奖金；我们拿了太多奥林匹克运动会的冠军，但是我们却拿不到一个奥斯卡的金像奖，为什么？值得我们思索。

素质教育当然是以全面提高孩子的基本素质为根本目的，不仅要尊重学生的主体性和主动精神，更要注重开发人的智慧潜能，注重形成人的健全个性。所以，在挖掘阿杜演讲、主持、绘画各方面天赋的同时，我发现阿杜在写作方面也有一定的潜质，所以我在这方面也下了不少的工夫。

阿杜从小学三年级开始写日记，从那个时候开始，我每天都非常关注孩子的日记。有很多孩子把自己的日记当成隐私，不让家长看，这主要是孩子对成年人缺乏信任。父母给孩子的压力太大，管束得太多，太喜欢用成人的思想来猜摸思想单纯的孩子。所以，孩子不想让父母看他们的日记，那是因为他们怕父母的联想、唠叨、说教、打骂。我们两个和孩子的关系一直都比较融洽，一直到大二阿杜的日记（因为学习任务繁重，大三的时候阿杜的日记被迫停止了）对我和他妈妈始终都是公开的。在阅读孩子日记的时候，我会非常注意培养孩子的写作本领，从语言、文字、句法到内容、格式，经常和阿杜沟通，而对其中记述的内容一般不过多地干预，尤其是其中一些孩子做得不对的东西，我也不会立刻就事论事和孩子理论。这样做孩子会很反感，他会对你阅读他日记的行为产生抵触的情绪，他会认为你看他的日记就是为了掌握他的这些隐私、找他的毛病。所以，我一般把这些需要和孩子进一步沟通的东西记录下来，另外找一个时间在不经意间，采用一种非正式沟通的方式和孩子交流，孩子会很容易接受你的意见和建议，他也不会把这事和日记联系起来，也不会对你产生反感。

孩子上小学五年级的时候，开始有作文课了，这时阿杜的作文虽然经常被老师当成范文在班级里阅读，但是我觉得还不够，还应该更深地挖掘孩子的潜力，不能让孩子只满足于做班级里的佼佼者，还要把眼光放到更远的地方。我认真地阅读孩子的每一篇作文，并且把我认为比较优秀的作文敲到电脑里帮他保存起来，并像模像样地写上一些我的评语。偶尔，我也拿出我在报刊杂志上发表的东西念给阿杜听，让他看看我是怎么写文章的，给孩子一点最真实的感受。

每到这个时候我就鼓励阿杜："等你的哪篇作文写好了，我也给你邮到报社去，让他们把你的文章也印成铅字。"

这时阿杜就笑了："我写的作文能行吗？"

我说："儿子你别笑，等你的作文写好了，一定有人给你登的。"

在这种交流中，孩子对作文的兴趣越来越浓厚了，写作文的时候也特别认真，每一次他都愿意把构思讲给我听，让我给他提意见，我也饶有兴趣地听孩子讲述这些东西。在父与子的交流中彼此既得到了愉悦也获得了提高。

有很多家长对孩子讲的这些东西缺乏耐心，常常没听完就打断了："行、行、行，就这么写吧，不错，别在这烦我了，我累了。"这样的事情发生多了，孩子对你敞开的大门渐渐就关闭了，如果父母都不鼓励、欣赏自己的孩子，又怎能期望毫不相关的人欣赏你的孩子呢？这样孩子逐渐对自己感兴趣的事情也失去了兴趣。你的不关心导致了孩子兴趣的丧失，所以有人说：孩子的所有错误都来自于父母的错误。这话是有些道理的。

尤其应该注意的是，你不能让孩子的眼睛只瞄着周围的人和事，瞄着自己的学校、开发区、大连、辽宁省，这不行。应该让孩子的视野再宽广一些，胸襟再开阔一些。如果孩子的眼睛只看着身边的几个同学，他就会在自信中逐渐产生优越感，就会骄傲起来。没有自信不行，但是自信到骄傲的程度也不行。孩子的视野大了，舞台广阔了，他才会明白什么叫山外有山，人外有人，他才知道自己是半斤还是八两。当父母的一定要把自信与骄傲的辩证关系拿捏好了，适时地为孩子确立一个对他来说有点难度的攻克目标，这样才能让他不至于飘起来。要知道，飘得高摔得重。

为了提高孩子作文的写作水平，我开始从他的作文中选出一些我认为比较出色的，帮他投到一些报社去，都投了哪些报社、杂志，登载了几篇等等，我都及时告诉他，让他知道自己的水平。

初一的时候，阿杜写的《荔枝的味道》在《大连开发区报》发表。后来，又发表了很多文章。更为高兴的是，他的作文还获了奖。

几篇文章的发表和获奖使孩子对作文课产生了非常浓厚的兴趣，同时在阅读自己作品的同时，他在报纸杂志上也看到了全国各地高手们的文章。尤其是参加"中国少年作家杯"全国征文大赛颁奖仪式那一次，他和全国的少年作家相处了一周的时间，并和"谋女郎"魏敏芝在一起照了

▲阿杜去北京参加"中国少年作家杯"全国征文大赛颁奖仪式

一张相，不管怎么说那也是山外之"山"吧！他还认识了大连的一个少年作家边金阳，那孩子和阿杜同岁，已经有好几部长篇小说出版了，阿杜这才看到自己与他人之间的差距。颁奖会结束那天晚上，作家班举办了一个晚会，各地的小作家临时组建了各种剧组，小作家全部是自己创作自己表演，人家浙江的一个小作家只用两个小时的时间就写好了一个小剧本……阿杜这回算见着天了，他开始知道自己的不足，以前常听别人说"山外有山，人外有人"，现在他才体会到这句话的真正含义，也给他自己向前发展提供了一个可供参考的坐标。

的确，培养孩子对父母来说只有细心是不够的，还要有耐心，还要有恒心，要把培养孩子当成事业来完成。郑渊洁曾经在电视上说过这样一句话，"在教育上的投资回报是最大的"，这话不假。一个孩子培养成功了，他不仅给父母带来无尽的回报，也给社会带来了无穷的回报；相反，如果孩子不能成为一个对社会有用的栋梁之材，或者成为社会的渣滓、败类，不仅不会给你带来任何回报，你还将为他操心一辈子。当然，我们培养孩子并不是为了孩子的回报，那样想就太功利了，也太狭隘了。

阿杜获得少年作家杯二等奖的那本《少年也识愁滋味》是我费了五年的时间给孩子整理完成的，孩子的所有日记、作文、试卷，我都完整地把它们收集起来，然后不断地阅读，把其中精彩的部分挑选出来敲到电脑里。

可能有人会问，为什么不让孩子自己完成这一切呢？我有我的想法。

首先我不想让孩子过早地涉足电脑。我是这么想的，上学期间电脑对孩子的作用并不大，如果将来不从事电脑专业，需要学习的不过就是简单的操作而已，这些东西对一个大学生来说，不过就是一个星期的课业，什么时候孩子觉得电脑有用了，他自己就学了。

其次，孩子一旦接触电脑，就立刻涉及上网的问题，而网上的内容是良莠不齐的，游戏、色情、暴力、凶杀……什么都有，你怎么能保证孩子不涉猎呢。不是不相信孩子，就拿成年人来说吧，面对各种各样的诱惑又有多少人能抵御住呢？很多高级官员可以说定力比较高了吧？因为贪污受贿被判死刑的还少吗？只要有机会、有漏洞，上帝都会钻空子，别说孩子了。所以我不鼓励孩子过早地涉足电脑，我觉得那样做得不偿失，我宁愿自己多为孩子做一些。在孩子上初中的时候我就把家里的网线掐了，我们不可能每时每刻陪伴在孩子身边，与其费心费力地管束孩子、监督孩子，造成彼此的不愉快，还不如牺牲一点我们自己的娱乐而从根本上为孩子创造一个更健康的生活空间呢。

要求孩子做到的东西，做父母的首先就要做到。等孩子具有了分辨是非的能力，具有了足够的适应能力，他想干什么那就是他们自己的事情了。孩子总有长大的一天，该放飞的时候我们要放飞，改管束的时候我们要管束。家庭之中虽然没有制度，但还是要有一定之规的。

6．一个人的大连

父母应该更多地参与孩子的活动，与孩子建立起融洽的关系，在活动中成为孩子的朋友，让孩子遇到什么麻烦的时候第一个想起来的就是父母，如果你做到了这一点你就成功了。但是父母不能成为孩子的拐棍，不能包办孩子的一切，该放手的时候一定要放手，让孩子自己去应对他应该面对的东西。

记得有一年放暑假，学校安排了一次军训，而且是全封闭的军训，规定父母不许探营，那时阿杜还不到12岁。当时很多同学的家长想方设法打探学生军训的地址，又是托人又是找关系的，到军营里去探视孩子，还给孩子拿去很多平时爱吃的零食。不过就一周的军训，有的家长竟然去了

三四次。阿杜的妈妈也想去，我硬是没让。其实孩子第一次这么长时间离开父母，而且是在太阳的暴晒下进行军训，一定会很苦，我也想去，但是理智最终战胜了情感，我们自始至终都没去。我认为这样的活动不是太多了而是太少了，至少应该每年一次，现在孩子的生活太幸福、太安逸了，应该有这样的锻炼。

孩子回来了，他还问我们呢："你们怎么没去看我，我们同学的父母基本都去了。"

我说："就在家门口军训，还用我们去看望啊！"

阿杜笑了："那是，看，我在军训中得的奖状，内务标兵。"

……

2001年5月，阿杜被选为辽宁省第四次少年先锋队代表大会代表，是开发区唯一的一名代表。会议于2001年5月31日报到，6月1日结束，6月2日返回。这种事阿杜还是第一次经历，我们当父母的也是第一次经历。

虽然大连市和大连开发区都有团委的人带队，但是一个不到13岁的孩子来说离开父母跟"别人"到外市去开会，他妈妈对此依然不放心，想要一路陪同。我坚决反对："孩子都快13岁了，难得有这么好的锻炼机会，应该让孩子自己去面对，如果这样一个活动你都不放心，将来孩子上大学难道你也去陪读啊？"

孩子是跟开发区团委的领导一起去的，到地方之后就用驻地的电话向我们报了平安。

▲阿杜的钢笔画《大连的希望大厦》

回到家里，说起这次"出差"，阿杜兴奋异常："我们的会议是在辽宁宾馆召开的，虽然参加会议的都是些小孩，但是会议照样开得有模有样，有声有色。会议开始的时候跟国家领导人开会的时候一样，大家起立唱国歌，然后领导讲话，少先队员讲话，下午大会分组讨论、选举，最后省委书记和省长还和我们一起照相了呢……"

不仅如此，父母还要刻意给孩子创造机会，让孩子逐渐适应没有父母陪伴的生活，让他们在这一过程中学会长大。所谓没有困难创造困难也要上，说的正是这种情况，适当的时候我们要给孩子创造一点困难，让孩子去克服、战胜。

阿杜小学毕业之后曾经一个人去了一次大连。学校放暑假之后阿杜在家休息了三四天，然后就去绘画班学习了。那天吃晚饭的时候阿杜突然跟我们说："明天绘画班休息一天，我想和佘翰上大连。"

很明显这是在征得我们的同意，我想了想问阿杜："佘翰多大了？"

"佘翰今年高三。"

"那你们就去吧，都有什么计划？"

"我想上新华书店，还有你平时领我去的那个文海书市。"

我说："行，这次就算你的暑假社会实践活动，我支持你，明天给你100元活动经费，中午你可以吃一顿肯德基，文海书市你最好打车去，因为你不熟悉路，来回16元钱，再吃一顿肯德基，剩下的钱你愿意买什么书就买什么书。"

他妈妈不放心："哪回都是你领他去，他一个人能行吗？"

我说："不是还有同学吗？"

第二天，阿杜老早就离家了，我们以为到大连他怎么也得给家里来个电话啊，这家伙可好，从早晨8点钟离家到晚上5点钟回家，期间竟然一个电话没给家里来，我们干着急，那个时候手机还没有像现在这么普及，他妈妈联系不上孩子就一个劲给我打电话："阿杜还没回来，怎么办？也联系不上！"这一天给我打了N次电话。5点多钟阿杜带着一脸灿烂的笑意走进了家门。刚脱掉鞋子就兴奋地给我们讲开了："佘翰这小子真不够意思，重色轻友，刚下车就给我甩了，说去看一个同学，肯定是女同学。我

自己打车去的文海书市，然后从文海书市打车去图书大厦，在图书大厦门口那个肯德基吃了一个汉堡，吃饱了开始在图书大厦逛，简直是一个人的大连，太过瘾了！这些都是今天买的书。"

军训、开会、独闯大连，这些事情基本上都发生在阿杜上初中前后的那段时间，再有几年就上大学了，应该给孩子一些独立的空间和时间，这对孩子未来的发展是大有益处的，最起码等孩子上大学的时候，他不会茫然无措，不至于找不到自己的学校，不至于找不到北！

·第三章·

从儿童开始的人生规划

一个大学生在自己的职业生涯规划书里这样写道：人生的每一次漂泊，都可能远离我们的人生坐标。问题在于，我们应该学会在远离目标的时候，创造条件，接近目标。所谓创造条件，其实就是一种进取，一种求索，一种心向既定目标执著地、坚忍不拔地追求。

◎ 1. 不要把孩子成长的"季节"搞乱了

有一次孩子给我打电话："爸爸，咱们家楼上漏水了。"

"真的吗，严重吗？"

"我在写字台上画画，一会滴下来一滴，一会滴下来一滴，都废了好几张图画纸了。"

"好，我马上回来。"

我到家一看，哪有漏水这回事。当时是夏天，阿杜一个人在家画画，房间里没有空调，加上孩子比较用功，出了满脑袋的汗，滴到画上的水根本不是楼上漏水，而是他自己的汗珠。阿杜画画竟然用心到如此程度，当时他只有4岁。

最早发现孩子喜欢涂鸦是在他不到两岁的时候。当时我在写字台上写

字，阿杜总是抢我手里的笔，拿笔在纸上就是一阵乱写乱画，等孩子写够了画够了，我就停下来给阿杜画画。我没有学过绘画，但是也是从小喜欢，于是我就用线条给阿杜画一些最简单的图案，汽车、电视机、自行车、鱼、小老鼠、房子……反正看到什么就画什么。我看孩子这么愿意拿笔，这么愿意听我讲故事，就不断地给他买一些彩色画报，有时候一边讲一边画，渐渐地我发现阿杜竟然能照着画报胡乱地画出一点像样的东西来了，我大喜过望，又适时地给他买了一本儿童简笔画。我照着画，也让孩子照着画。就这样，先是看着我画，然后是不断地看画报，最后是自己画，逐渐地他画得有模有样了。

等孩子3岁左右的时候，他已经能很完整地画一些简单的图形了，像火箭、长剑、大刀、变形金刚等等，都画得很不错了。就在这个时候我们家搬到了大连开发区。条件好了，我和夫人商量想给孩子报一个绘画班，让孩子接受专业训练。这个时候我认识了一个搞雕塑的朋友，他跟我说了一席话："……这说明你家孩子现在对绘画产生了浓厚的兴趣，这是好事，你千万别拔苗助长。现在孩子才3岁，正是玩的时候，他愿意画什么你就让他画什么，你就让他把绘画当成游戏，等孩子上五六年级的时候，他的绘画水平也提高到了一定的程度，这时你再让他进行专业训练。专业训练是很枯燥的，任何兴趣和爱好一旦变成职业或者专业，兴趣就没有了，但是这又是一个必须经历的过程。孩子在三五岁的时候你就让他接受绘画的专业训练，就把孩子的兴趣给扼杀了，孩子画腻了，可能这一辈子再也不想画画了，这不是适得其反吗？"

我恍然大悟。为什么有很多家长要逼孩子去做一些孩子不愿意干的事情呢？就是家长的性子太急了，急功近利，拔苗助长，最后欲速则不达。

什么时候让孩子做什么事情，如果你把这个时间搞错了，你不痛快孩子也不痛快，就是这个道理。该玩的时候你要让孩子玩，该学习的时候你就让孩子学习，该工作的时候工作，该谈恋爱的时候就谈恋爱，这和地里的庄稼一样，它是有季节的。有很多人违背了季节，结果痛苦一辈子。这些人三四岁就开始学习，等真到了需要学习的时候，他不愿意学了，结果在学校调皮捣蛋，一玩玩了十几年，等参加工作之后才知道学习的重要性，于是反过来又去学习，人家都谈恋爱结婚了，他还在那里为文凭而奋斗呢，等文凭到手了，四十好几了，这才有时间找对象，结果总是高不成低不就……这就是父母从小把孩子的生长季节给搞乱套了，导致一步错步步错，总是搭错车。

希望家长们都注意这一点，不要把孩子成长的"季节"搞乱了。

2．兴趣是学习的最好动力

孩子对某项事物产生兴趣是非常好的事情，善加利用，这个兴趣完全可以成为孩子一生的动力——学习的动力、事业的动力、生活的动力、人生的动力。

但是有一些短视的家长偏偏容不得孩子的兴趣，甚至有的家长对孩子看一些文学作品都很反感，想尽办法和孩子周旋。这是值得商榷的，孩子的兴趣和爱好应该是生活里的调味品，良好的兴趣和爱好不但不会影响孩子的学习，还会成为孩子学习的动力，关键看我们如何去引导。

阿杜喜欢绘画，喜欢看漫画，甚至到了痴迷的程度，他从小学五六年级开始就自己买书，现在才几年的工夫，各种漫画书差不多有三五千册了。他的课余时间除了画画就是看漫画。于是很多时候我就拿绘画来说事，为孩子确定一个目标，让孩子知道自己的方向，一旦孩子的生活有了方向，其他的事情便迎刃而解了。

看看阿杜怎么说：

二十年后的我——超级漫画家阿杜在大连

一辆黑色法拉利跑车稳稳地停在了友好广场的停车场，从车上走下来一位西装革履的男人，但见此人鼻子上架着一副秀郎近视镜，三七开的分头，昂首挺胸抬头，迈着迅疾的碎步向前走去，一副踌躇满志的派头。

此时，他的心情十分愉快。这也难怪，他的漫画如今已经被改编成动画、小说、模型、卡片、电影、连续剧、电玩……有哪个画家面对这样的

▲阿杜为《经济学寓言》画的插图

成功不心花怒放呢？

今天，根据他第一百部作品改编的同名电影将在这里举行首映式。他在友好电影院门前的广场上从容地踱着方步，看了看手表，距离电影首映典礼还有30分钟，于是他拿出相机对着广场周围的美景开始喀嚓、喀嚓地拍照，为他的第一百零一部作品收集素材。

快到时间了，他转身朝电影院走去。由于走得太快，不小心踩了一个人的脚，他连忙学着相声大师姜昆的语气说："对不起，把你的头（脚趾头）踩了！"

那个被踩到的人并没有在意，正低头去拍打鞋上的灰，听到如此的怪话被逗得哭笑不得。突然，他眼睛睁得大大的，惊讶地说："哇噻！你不就是阿杜先生吗？我是你漫画的发烧友啊，请你给我签个名吧！"他一边说一边拿出了笼子里的一个漫画集递到了那个先生的手里。广场上聚集的漫画发烧友闻声蜂拥而来，将那个刚刚还步履翩翩、踌躇满志的画家围在广场的中间……

其实这个画家就是我自己。

毫无疑问，我坚信，经过十年或者二十年的努力，二十年后的我一定会成为一名知名漫画家的，一定会有这样的成就，有这样的奇遇！

2001年9月15日（初一作文）

52

孩子如此喜欢绘画，虽然才14岁，但却对自己的未来有了如此期许，这是绝对的大好事，有理想的孩子是不能被打败的，有梦想的孩子是幸福的，为自己的梦想而不断奋斗的孩子是不会寂寞的。

那还是上小学的时候，我和阿杜聊他的未来。

他说将来想从事漫画事业，把画画好就行了，其他的都不重要！

我感觉这种想法很危险，就和阿杜讲："就拿你手里这些漫画书来说吧，首

▲阿杜的插画《漫画家的怨念》

先就要以小说为蓝本，然后还需要有人将小说改编成适合漫画的脚本，你将来想干漫画，你不懂文学创作行吗？你知道的，像《狮子王》、《一休的故事》、《灌篮高手》，这些漫画都是翻译过来的，也就是说将来你想在这方面有所发展，那咱就要成为一个世界级的高手，不想当元帅的士兵不是好士兵，干什么都要干出一点名堂，你说呢？如果你想让咱的漫画也走出国门，那你就必然面临与外国人交流的问题，你不会英语、日语行吗？"

阿杜点点头，若有所思地说："那倒是，这个问题我怎么就没想到呢？"

很多时候孩子根本弄不明白绘画与语文的关系、唱歌与数学的关系以及体育和外语的关系，等等。孩子什么都能明白还要我们家长干什么？家长就是要在孩子迷茫的时候为孩子指出一条路来。

阿基米德说："给我一个支点，我就能撬动整个地球。"我们为什么不给孩子找一个生活的支点呢？孩子的兴趣、爱好不就是孩子的支点吗？

3. 发现孩子的兴趣所在

孩子13岁那年的六一儿童节，大连开发区妇联和开发区昌临大厦联合举办全区少年儿童绘画大奖赛，阿杜在我的劝说下参加了这次比赛。

阿杜从12岁开始在赵经寰教授那里学画，老教授看了阿杜那些"野蛮生长"状态下的涂鸦，说阿杜很有绘画天赋。参加正规培训半年以后，老教授说阿杜进步很快，但是我毕竟不是一个懂画的人，阿杜的绘画水平到底怎么样，选择这样一个发展方向到底对还是不对，我一直还处于矛盾之中。老师的表扬是不是王婆卖瓜？为什么不利用这个机会检验一下，为什么不利用这个机会让阿杜历练一下呢？

这里，我是想说明这样一个道理：可能的条件下，要让你的孩子参加各种各样的活动，让他尽可能地施展自己的才华，生活的历练，会增加孩子的自信，检验孩子的能力和水平。

孩子每天生活在沉重的学习压力之下，外面的信息他们知道得并不多，家长在这方面一定要替孩子多留心，为孩子争取到尽可能多的机会。为什么医生越老越值钱呢？因为老医生看过的病例多，经验丰富，遇到病人他常常以过去的病例为参考，很快对病人作出诊断。孩子也一样，他经历的事情越多，他人生的阅历就愈丰富，他在未来的竞争中就越有优势。所以，遇到有利于孩子发展的活动，我从来不肯放过，想方设法让孩子参加，名次倒是次要的，重要的是让孩子历练。

希望你也不要放弃身边每一个这样的机会，让我们和孩子一起历练，一起成长。

我是5月31日下午才知道绘画大奖赛消息的，晚间在餐桌上我把这个消息告诉了阿杜，鼓励他参加。阿杜似乎有一点顾虑，兴趣并不大，他说："爸，我在赵老师那才学了不到一年，现在的水平恐怕不行吧，开发区这么大，多少学画画的？"

我说："咱们将来不是就想走这条路吗，是骡子是马总该拉出来遛遛，你是一支潜力股还是一支垃圾股，能不能行那要参加大奖赛之后才知道，名次不重要，主要咱得看一看你与你的同龄人之间有多大差距，都处在一个什么水平上，咱好知道今后怎么学啊，你说对不对？重在参与。"

阿杜说："那行，等吃完饭你帮我参谋参谋，看咱们画点什么！"

▲阿杜在广场作画《携手奔向新世纪》

……

第二天上午10：00，在管委会门前的广场上，百米长卷已经铺就，100多个儿童挥毫泼墨，涂抹着心中的梦想和创造，尽情地展示着自己的绘画天赋。阿杜在画面上画了四个人携手向前奔跑的图案，中间身材最高大的那个背心的前胸上画了一面中国的国旗，右边的两个人前胸上分别画的是香港特别行政区的区旗和澳门特别行政区的区旗，最右边的一个胸前画的是宝岛台湾的地图，他把自己的这幅画命名为"携手奔向新世纪"。

绘画大赛组委会的各位专家不停地在小朋友们的作品前评头品足，指指点点，快12点了，绘画大赛组委会当场宣布大赛结果，阿杜竟然意外地获得了第一名。

这个结果是我们参赛之前根本没有想过的，冠军来得太让人措手不及了，结果刚刚宣布，阿杜正收拾东西准备去领奖呢，电视台的记者突然来到他的面前："这位同学，我们是开发区电视台的，我想问你一下，你为什么选择了这样一个题材呢？"

当时，我和我夫人都站在阿杜的身后，正欣赏阿杜这幅大作呢，听到电视台记者的问话，我们都为阿杜捏了一把汗：一点准备都没有，阿杜能回答上来吗？

阿杜用手习惯性地摸着自己的下巴，做出一副思考的样子，比"思想

▲阿杜在接受电视台现场采访

者"的姿势还酷。经过短暂的沉默，他大方得体地回答了记者的提问，比电视上那些明星有模有样多了："我是这么想的，香港和澳门都回归到祖国的怀抱了，现在我们又进入了一个崭新的世纪，我想在新世纪里，台湾也一定会回到祖国的怀抱，两岸四地携起手，一定会实现我们中华民族的伟大复兴……"

听了儿子慷慨激昂的讲话，我用胳膊碰了夫人一下，我们为孩子的一举一动一言一行感到无比骄傲。

这是一次偶然的采访，但是这么多年以来，我们想方设法创造一切条件给孩子打气加油，培养孩子的自信，这偶然之中不正孕育着必然的结果吗？孩子就是一朵正在生长的花朵，父母就是护花的使者，阳光、空气、土壤、水分、养料、修剪，只要你认真对待每一个细节，这花朵一定会绚烂地绽放。

看看阿杜怎么说：

我也是第一

说起第一，你可能马上会联想到杨利伟，他是中国进入太空第一人；你可能马上联想到三峡大坝，它是世界上最大的水利工程；也许你没有想到那么远，而是想到某某在班级里学习第一，或者体育第一等等。

如果我说我也是第一！你会相信吗？

相信，每一位家长都望子成龙；每一位老师都希望自己的学生名列前茅，成为生活或者学习方面的第一。

我真的是第一，我是我们班的美术第一！

我从小就热爱美术。在幼儿园的时候我画画的生涯就已经开始了。在其他小朋友们热火朝天地谈论动画片中的某某人物的时候，第二天，我

▲阿杜的水粉画《北国之春》

就会将这个人物画下来，拿给朋友们看。上学后，上一些我不感兴趣的小科课时我就在书上作画。有很多同学喜欢向我借副科书，因为他们看我的副科书就像看漫画书一样！

初中的时候，课程越来越紧张了，同学们将所有的时间都用在了学习语数外这些应试的科目上面，我却不为所动，仍然在苦苦地练着画技，把时间消耗在了绘画上面，我绘画的水平日渐提高。

已经记不得有多少次了，班级的板报都是由我包办，有时候即使板报的任务交给了别人，同学们还是喜欢拽上我，这是我的荣幸！在老爸办公室的墙上，挂着一张很大的水粉画，画中是《风云》男主角步惊云坐在一堆残剑前沉思的情景，爸爸的许多朋友见了都会好奇地问道："这是谁画的？"我老爸总是自豪而又喜不自胜地说："我儿子画的！"爸爸的朋友们立刻就露出了一脸的惊奇。我画那幅画的时候只有14岁。

在我们班上，A君的数学总是第一，B君的英语总是第一，C君的语文总是第一，而我是美术第一！

其实每一个人都是不同的，都有自己的优势，都有自己的一技之长。或者说，每一个人都是某一个方面的第一！

所以，面对别人的第一，我们不应该妄自菲薄，灭自己威风，长他人志气。任何时候，我们都不应该灰心丧气，不应该气馁，不应该失去信心。

请你高喊吧："我也是第一！"也许你就真的成了第一。

2003年11月8日（初三作文）

4. 初三之前的岁月

孩子进入社会之前有两道门槛，一个是考高中，一个是考大学，而初中之前的岁月正好是跨越这两道门槛之前最重要的科学规划时期。这个时期，其实孩子对自己的未来还处于懵懵懂懂的状态，如何提前做好准备，科学合理地为孩子的未来作出一个恰到好处的规划，对孩子的成长是至关重要的。

从孩子上小学直到初二，这段时间的学习负荷其实不是很大，孩子可以自由支配的时间是比较充裕的，因此在这七八年时间里父母应该根据孩子的具体情况，为他创造一个自由发展的空间，从而培养或发现孩子的某些特长、兴趣、爱好，提前为孩子的未来发展铺平道路、扫清障碍。

很多家长缺乏的正是这种长远的目光，等孩子到了上高中的年龄或者已经上高中了，这时候他们才发现孩子的成绩一塌糊涂。于是平时不烧香的家长们临时抱佛脚，学美术、学音乐、学体育、学舞蹈，等等，希望依靠临时学来的一点特殊技能当敲门砖。孩子的学习成绩本来就不好，现在又要拿出一定的时间学这些东西，结果学习成绩开始下降，而新学的这些东西也不一定学好，最后勉强考上一个大学，也是高不成低不就，还不一定符合孩子的兴趣。

我们是这么做的：

从孩子出生到3岁，这段时间我们用来发现和培养孩子的兴趣，后来发现孩子喜欢看画报、喜欢涂鸦，我们就开始给他创造这方面的条件，给他买各种各样的彩色画报、简笔画、彩笔，让孩子在纸上随意涂抹，把绘画当成孩子的一个游戏。

从3岁开始，让孩子照着画报绘画，有时候我也给他做一些示范，画一些简单的东西，这段时间主要是强化和提高孩子绘画的兴趣，等孩子能画出一些像样的东西了，我们开始鼓励孩子参加学校的兴趣小组、绘画比赛，提高孩子的自信心。这个阶段最好不要对孩子进行专业训练，过早地把孩子投入到专业训练之中，这样很容易挫伤孩子的兴趣。专业训练很枯燥，也很苦，最好等到孩子对自己的专业达到痴迷程度的时候再进行，这个时候无论专业训练多么苦多么累，他自己都不可能放弃了，而且这个时候野蛮生长也到了结束的时候，需要专业人士对其进行指导了，这样从小学五六年级到初中二年级这段时间，孩子还有四年的时间，可以找一个优秀的专业辅导老师对其进行专业培训。

从初三开始，孩子可以暂时将专业训练停止或者减少训练时间，全身心投入到文化课学习之中，为中考做准备。这样，考上一个好的高中之后，再让孩子继续进行绘画的专业训练，文化课学习和专业学习齐头并进，为考一所好大学打下良好的基础。

◎ 5．调整人生的焦距

孩子确定了自己努力的目标之后，在学习上也开始铆足了劲头，文化课学习和绘画齐头并进，对此，我们很欣慰。

当时我正在大连开发区规划局工作，经常接触搞建筑设计的一些人士，有一次参加一个项目的研讨，一个朋友私下和我说："这个项目的设计费就两千万！"我非常震撼。的确，整个项目的设计很别致、很大气、很新锐，但是我们怎么也没想到设计费居然这么高。

仿佛受到了刺激，那天不知道我哪根筋搭错了，觉得画漫画、搞动画是一种不太靠谱的东西，忽然心血来潮和阿杜谈起了这件事："阿杜，我觉得搞漫画这东西还是不太靠谱，还是搞建筑设计比较好。"我就把一个设计拿了两千万设计费这件事和阿杜说了。

阿杜的反应异常激烈，超乎我的想象："我喜欢的是漫画、动画，你偏偏让我学什么建筑设计，你们大人怎么什么事情都喜欢用金钱来衡量呢？你让我干那些我根本不感兴趣的东西，我能干好吗？"

"兴趣也是可以培养的啊？"

"我正画一个四格漫画呢，刚好来了灵感，我没兴趣听你那心血来潮

的什么建筑设计……"

阿杜火了，这次谈话我们不欢而散，我再也没提这事。

孩子上高一的时候，有一天阿杜忽然和我说："老爸，我记得你曾经和我说，想让我将来向建筑设计那个方向发展，我最近似乎想明白了，你说的有一定道理，今天我们几个同学在一起议论这件事，他们也都认为建筑设计这个专业比较好……"

我笑了："阿杜，现在我的观点正好又和你的观点相反，我把我的想法说出来，供你参考：建筑设计这个专业不错，但是像你以前说的，你想干自己感兴趣的东西，如果你对建筑设计不感兴趣，你将来肯定后悔，而且现在找工作都比较难，如果找不到合适的工作，建筑设计这个专业很难自己创业。而漫画、动画这个东西如果你能找到一些志同道合的发烧友，我再给你投入几十万，你们完全可以搞一个自己的创作室，很容易自己创业，而且现在国家对动画这个专业也非常支持，正好是干动画的好时机……"

阿杜若有所思，好一会，他说："咱们俩为什么总想不到一块呢？"

"阿杜，这无所谓，因为时代在发展，我们的思想也在不断变化，而我们的年龄、接触到的事物大不相同，所以思想有时候碰不到一起，这无所谓。你想学什么专业，将来想干什么，完全由你自己决定，我们绝不干涉，我只是给你提一些参考的意见，但是我还要告诉你最重要的一条：不要太一根筋，不要一条道跑到黑，人生的路长着呢，说不定在什么地方出现岔道，也说不

▲阿杜为《小投资大回报》画的插画《人生的航船》

定在什么地方会出现拐弯，所谓山重水复、柳暗花明说的就是这个道理，咱们要学会顺其自然。"

阿杜点头："是啊，是啊。"

结果怎么样？阿杜被清华大学录取的时候，专业既不是动画也不是建筑设计，而是陶瓷设计。这就是人生，它总是出其不意地出现一个岔道口，让你选择。难道放弃这个专业再次复读吗？显然不能，只能承认现实。其实这都不是最后的选择，将来毕业的时候孩子还可能去留学，专业可能还会发生变化。进入社会的时候，到工作岗位的时候，具体从事的是什么工作，谁都无法预知。

这就和照相的时候调整焦距一样，你不可能一下子就把焦距调整得恰到好处，需要有一个逐渐尝试的过程。比如你想选择宁波大桥为背景照一张相，这是一个大的方向、目标，但是，你是照一个全身的、半身的、正面的、侧面的、还是二分之一侧面的、三分之一侧面的⋯⋯这就要根据当时的场景进行取舍和调整了，不断调整，直到摄影师选择到自己认为最满意的镜头，按下快门为止。

对孩子的未来而言，选择的过程就是不断地调整焦距的过程，不按动快门，选择就永远没有结束。

对阿杜而言，绘画是他的大方向、大目标，他未来选择干点什么、选择什么专业，在焦距没有调整好之前，没有必要在细节上想得太具体。就拿绘画来说吧，与其相关的专业多了去了，如果选择工艺美术，有漫画设计、动画制作与设计、网络游戏、网页设计、广告设计、建筑设计、环境设计、工业设计、服装设计、舞台设计、陶瓷设计、玻璃工艺、纤维艺术、摄影艺术、包装设计⋯⋯如果想当画家，有油画、国画、木刻、雕塑⋯⋯其实围绕绘画这个中心主题干点什么都可以，都不会离自己喜欢的东西太远。其他专业也一样，如果你喜欢写作，那么与写作相关的专业也很多，将来可以当作家、编辑、评论家、记者、语文教师、文书⋯⋯这些东西都与写作紧密相关，何必非要在一棵树上吊死呢？

所以，在向大方向、大目标前进的过程中，家长没有必要在细节上过多地干预，要尊重孩子的选择，学会顺其自然。

◎ 6. 不被眼前的东西诱惑

有一些人总说孩子不应该管，应该让孩子自由发展，其实我是很不同意这种观点的。

无论成年人还是未成年人，其实都是需要管束的，纯粹的自由是没有的，纯粹的自由其实就是无政府主义。虽然维持政府需要我们支付一定生活成本，但是如索马里那样的无政府状态，人们更无法生活，生活成本更高。社会的法律、制度、道德、公认良俗等等，都是对人们进行管束的。人的欲望是无限的，而资源是有限的，在欲望的驱使下，人们常常会做出违背法律、制度、道德、公认良俗的行为，何况是孩子呢？

的确，有极少部分孩子具有很强的自我约束能力，不需要家长的管束，但是这是极少部分，绝大部分的孩子还是需要必要的管束的。当然了，管束的方式方法是因人而异的，有的方法得当，有的方法不当，不同的方法产生的结果也必然各不相同。

每一个孩子与另外一个孩子都是不同的，即使是孪生兄弟、姐妹，他们的个性、习惯也不完全一样，不同的孩子要用不同的方法进行引导。

比如说，孩子常常把眼前利益看得很重，对长远利益看得不是很清晰，这个时候作为父母就应该对孩子进行必要的干预。

阿杜对漫画的喜爱达到了痴迷的程度，我在前面说过，兴趣可以成为孩子一生的动力，孩子有一个兴趣、爱好，人生就有了一个努力的目标，有了行动的动力，这是好事。但是兴趣、爱好也是一把双刃剑，因为喜欢，所以在学习过程中，难免把过多的精力都投入其中，从而影响正常的学习生活。

有一个阶段，阿杜几乎把所有课余时间都放在了漫画上面，不仅画，而且还编起了长篇小说……

我找了一个时间和阿杜进行了一次聊天："阿杜，你喜欢漫画我们不反对，你看你这几千册漫画都是我给你拿钱买的，我要是不支持你，你哪会有这么好的条件？但是你现在的主要任务还是学习，如果你把学习落下了，将来你漫画搞得再好也是徒劳的，就像你以前说的，将来就想靠画漫画来开创你的未来，那是不现实的，咱们不是达成共识了吗？你现在怎么又忘了呢？你先考上一个好的大学，然后在这个基础上发展你的爱好和兴趣，你才有长远的发展，所以，为了长远的未来，必须有所放弃，你不放弃眼前的利益，长远利益就必然要受到影响……"

这种聊天，几乎伴随了阿杜从初中到高中的整个过程，兴趣、爱好与文化课之间在互相影响的矛盾中互相促进，使孩子的文化课和美术课不断得到提高。后来阿杜还专门写了一篇文章呢，题目就叫《学会放弃》。

看看阿杜怎么说：

学会放弃

有一句成语叫"以退为进"，它告诉人们，为了前进暂时的后退有时是不可避免的。记得在哪本书中还读到这么一句话：有所前进就要有所丧失。它告诉我们一个非常朴实而深刻的道理：有舍才会有得，有所失去才会有所获得。人们是生活在选择之中的，你要抄近路就要准备克服旅途中的坎坷；你要走坦途就要耐得住漫漫长路上的寂寞。鱼和熊掌永远不可兼得。

唐宋八大家之一的苏辙，为了写好文章，毅然放弃安逸舒适的家庭生活，游走四方，探求天下之奇闻大观，从而有机会见到欧阳修、韩太尉。如果他不是暂时地放弃家中的天伦之乐，也许唐宋八大家就没有了"三苏"，或者就变成唐宋五大家了。

苏辙学会了放弃，他放弃了一时的安逸，获得的却是终生的成就。

孟子有一句名言：舍生而取义。告诫人们在生死攸关的关键时刻宁可放弃生命，也要选择自己坚持的真理。文天祥在就义前也悲壮地写道："人生自古谁无死，留取丹心照汗青。"匈牙利的革命诗人裴多菲，面对生命、爱情、自由更是潇洒地写道："生命诚可贵，爱情价更高，若为自由故，两者皆可抛。"在他看来，自由比生命和爱情更为可贵。

现在我们是初中生，还谈不上什么生死、正义的抉择，但是我们面前

63

仍然存在着选择和放弃的严肃问题。

我们是多玩一会，还是要多学一会呢？我们是学理科还是学文科呢？是学美术，还是学音乐……类似的问题经常会困扰着我们。

人是有欲望的，五彩缤纷的社会充满了种种诱惑，眼前的道路四通八达，这就需要我们学会选择，学会适当地放弃。人生就好比一艘行驶在水中的船，你在上面放置过多的金银财宝，维持生命必需的食品、水等更为重要的物质就会无处安放，如果负载太多，船只就有倾覆的危险。

所以，我们不要把放弃看成是一件坏事，也不要把放弃和失败联系在一起。相反，我放弃的正是我的弱项，我选择的则是我的强项；我放弃的是无用的东西，我选择的却是走向成功的必经之路。比尔·盖茨当初如果不是放弃哈佛大学的学业而选择了电脑，就不会有今天如此辉煌的成就；毛泽东当初不是放弃了出国留学，后来中国革命就不会这么迅速地取得胜利……

在生活这条连绵蜿蜒的长河中，让我们拾起有用的东西，放弃那些垃圾，让这条大河更清澈、更美丽、更欢乐。

这篇文章后来还获得了第六届"中国少年作家杯"一等奖呢，被登在了中国少年作家班主办的《作文辅导》2004年第3期上。可见孩子听进了我说的那些话。

让孩子学会放弃，不被眼前的诱惑所左右，其实这是一件挺难的事情。比如，阿杜是一个文科生，将来想要从事与绘画相关的专业，而且很早就确定了这个大的方向。但是对初中的物理、化学、生物，应该怎样处理呢？

虽然从素质教育的角度而言，具有广博的文化知识，做一个复合型的人才，把这些东西学好是必要的。但是把过多的精力用在这上面对一个搞艺术的人而言其实是在做无用功。还有，你一点不学，期中考试、期末考试的时候排名就落后，你用了太多的工夫吧，排名靠前了，但是浪费了很多宝贵的时间，而这些东西对未来并没有太大的用处。对任何一个人而言，他的知识结构都不应该是平均分配的，而应该是有主有次的。

对这个问题我和阿杜也进行过探讨。

开始，阿杜对物理、化学、生物学得很认真，和英语、数学、语文基本放在平等的地位，后来听大家说，反向小综合很容易，基本上谁都能及格，他又想完全放弃。

后来我和阿杜商量："你也别放弃，但是你也别把过多的精力放在这些东西上面，上这些课的时候认真听老师讲课，这就够了，毕竟有些常识性的东西将来还是用得着的。下课之后你不用再把多余的精力用在这上面。考试的时候能及格就行，不要怕影响名次，名次这东西是暂时的，有竞争意识这很好，但是任何事情都喜欢争第一，也没有那个必要。这就仿佛考核一个国家的综合实力一样，各种指标在综合指标里占有的比重是不一样的。对一个人而言，你的综合实力才是最重要的，而在体现你综合实力的指标里，英语、数学、语文这些才是最关键的……"

历史和地理也一样。在日常的学习中，没有必要把过多的精力用在死记硬背上面，虽然考试的时候记住了，但过些日子又忘记了，得不偿失，对提高孩子的综合实力没有太大的作用。

所以，不要把这些科目的平时考试成绩看得很重要，能及格就可以了，关键是要学习和掌握其中的原理，掌握解决问题和分析问题的方法，需要死记硬背的东西暂时可以放弃，等到距离高考还有两三个月之前再在它们上面下工夫就来得及。

可能有人认为这还是应试教育那一套，其实不是，这是对策。对一个不是历史或者地理专业的人而言，即使你在学校的时候把一些年代、人物的名字记住了，但是几年之后你还是会忘记，我们根本就没必要把这些东西都放在大脑里，我们有谷歌、有百度、有工具书，为什么要让这些东西占有大脑的空间呢？人的大脑就仿佛一个仓储间，里面放置了过多的东西就必然要把有些东西挤出去；人的大脑就仿佛一台电脑，里面放进去过多的文件，电脑的运行速度必然要放慢。

所以，当你大脑有多余空间的时候，我们可以把一些不太重要的东西也放到里面，当大脑的空间已经不够用的时候，我们肯定要挑选一些不重要的东西扔到外面去。

·第四章·

父母是孩子最好的老师

> 培养孩子将来成为一个什么样的人永远比孩子现在的成绩是怎样的更为重要。无论父母有多大成就，孩子的教育失败，整个人生就失败。

1. 一个自己管不住自己的孩子

人生处处面临选择，每一次选择都是一次利弊得失的权衡。那么在选择面前，家长和孩子如何才能实现意见的一致呢？我们家的做法是这样的，把选择的权力交给孩子，父母多给孩子提供参考意见，不让孩子吃后悔药。

选择具有一维的特点，其实每一次选择的对与错是无法判定的，只要自己获得心理上的安宁，心理上得到满足，彼此获得了快乐，这就够了。每一次机会面前，你选择了甲，那么你就无法知道当时如果选择乙可能出现的结果，反之亦然。

阿杜上高中的时候，我们在家讨论孩子住校还是不住校的问题，孩子从小到大一直都是在家里和我们一起生活，他根本不知道外边生活的枯燥和寂寞，但是得不到的总是有诱惑力的，孩子渴望没有束缚、充满自由的生活。于是讨论中阿杜像即将放飞的小鸟一样兴高采烈地说："我想住校。"

我们想还是让孩子感受一下再作最后决定吧,这样可能比我们武断地决定一切会更好,我们尊重了孩子的选择。毕竟还有三年时间呢,用一两个月的时间权且给孩子一个选择的机会吧。

阿杜在学校住了两个半月。有一次周末回家,在饭桌上他主动和我们说:"我不想住校了,宿舍里的条件太差了,宿舍和宿舍之间的间隔就是一层板子,一点也不隔音,隔壁几个小子天天下半夜也不睡觉,在那里无边无际地聊天,根本睡不好,第二天上课都没精神。食堂的伙食也不好,自习室的学习条件也不行,一间教室一百多个人,也没有老师,根本没办法学习……"

最后,阿杜主动说出了他想回家住的真实原因:"我是一个自己管不住自己的人,有时候他们找我去上网,我本来不想去,但是最后还是去了,我担心这样下去让自己的学习成绩会下降……"

就这样,阿杜主动放弃了住校。如果没有那两个多月的切身感受,他还以为住校是多么幸福、多么有趣的一件事情呢,如果我们强硬地不让他去住校,高中三年也许他会一直渴望着被放飞的感觉!

阿杜高考落榜之后,我们一家三口都很郁闷,看孩子备考时吃的那些苦,我们都有些不忍,本打算让他念第二志愿的,上海理工大学,很好的一个学校。阿杜自己却不甘心,非要复读,非要上清华大学,我对孩子说:"阿杜,这次可是你自己的选择,你既然作了这个选择,那你就得义无反顾了,我们不逼你,但你得对自己的选择负责任,明年要是考不上后年教材可就改了,对你更不利。"

阿杜说:"我知道。"

就这样,孩子选择了复读,虽然他作了一个非常艰难的选择,但是他对得起自己的选择,并义无反顾地投入到艰苦的复读之中,最后成功地进入了清华大学。

孩子为什么敢于选择复读?因为他知道自己的半斤八两。

复读那一年高考的美术专业考试结束之后,学校进入文化课冲刺阶段,我们讨论文化课复习的对策,我问阿杜:"你认为你这些科目哪一科

相对来说比较弱？"

"地理比较弱，其他课程我自己完全能应付，地理课的一些计算题我还是弄不太好。"

"你认为有没有找人给你补补课的必要？"

阿杜听了我的话，沉思了一小会："找一个吧。"

于是我们给阿杜找了一个地理老师，这老师姓宋，是吉林省的优秀教师，刚从吉林调到大连开发区。从3月20日到5月20日，一共八个星期，每个星期六阿杜到宋老师那里补习一个上午，一共补了32个小时的地理课。毕竟是优秀教师，人家有高招。她也不讲课，从早上8点到中午12点，宋老师就和阿杜聊天，但是聊天的内容都是宋老师预先安排好的，都是与高考的地理课程有关的，老师讲得有趣，孩子听得有趣，不知不觉就把地理知识装进了脑子里。最终阿杜的文综考了209分，比上一次高考提高了19分。

就是这样，把选择权交给孩子，他需要什么，他有多大实力，他自己比父母清楚得多。就拿阿杜复读这件事来说吧，如果他自己不想复读，想念上海理工大学，父母逼他复读，这有用吗？即使他在父母强权的逼迫下复读了，但是他自己如果不下工夫学习，还不是白白浪费时间、浪费金钱？牛不饮水强按头是不行的，父母应该当好孩子的参谋，而不是暴君。

2. 明天高考，谁定的？

高考是人生的一件大事，尤其是在中国，高考甚至与一个人一生的命运都是紧密相连的，所以在有条件的情况下，高考期间家长还是应该多陪伴孩子，一是减轻孩子的心理压力，二是为孩子分担一些事务，帮孩子想着一些事情。因为经常会发生一些意想不到的事情，如果家长不在身边，常常会给孩子造成难以弥补的损失，留下终生的遗憾，这方面的教训简直太多了。尤其是艺术生，考专业的时候要走很多城市，应付很多不曾遇到过的事情，父母在身边对孩子有很多好处。

在此说一说我们在杭州遭遇的一件事。

那一年的3月5日，阿杜到杭州参加中国美术学院的专业考试，我和孩子一起去的。按计划我们在第二天下午1点多钟从杭州返回沈阳，3月8日参加另外一个学校在沈阳举办的专业考试。

计划总是没有变化快。3月4日凌晨至5日凌晨辽宁下了一场暴雪，沈阳的平均积雪深度达到36厘米，全市平均降雪量达36.2厘米，是百年一遇的罕见大雪。伴随着暴雪天气，沈阳各地同时出现了猛烈的东北风和大幅降温，飞机根本无法降落，3月6日杭州到沈阳的航班全部停飞。航班停到什么时候没有准确的消息，如果3月7日仍然停飞的话，3月8日的考试就泡汤了，怎么办？我们一行一共4家8个人，全部没了主意，不知如何是好。

这时我突然想到：沈阳大雪，大连也有大雪吗？我们为什么不试一试大连呢？大连即使有大雪也应该比沈阳小吧？大连如果可以降落的话，我们可以乘杭州到大连的飞机啊，7日再乘特快，不是很好吗？我们和大连方面一联系，果然可以通航。于是我们改签大连，同时马上让大连的亲属购买了7日上午去沈阳的特快车票。3月8日，孩子顺利地参加了沈阳的专业考试。这样的事情如果让孩子一个人去面对，解决起来就困难了！

我的一个朋友，孩子也是学美术的，比较贪玩，愿意和其他伙伴凑热闹，家长也乐得清闲。到外面考试的时候孩子也没让父母陪伴，而是和朋友们结伴而行。孩子本来学的是设计专业，不知道听谁说的，说参加史论系的专业考试考题简单，于是就稀里糊涂地报了史论系的专业考试。的确，史论系的专业考试很简单，但是人家有规定，不同专业之间的专业考试是不可替代的，你考了史论系的专业，其他的一系列考试就都要按着史论系的路数走下来，而且你将来必须报考史论系，不能报设计专业了，而史论系的文化课分数要达到500分以上，这对于一个想走美术路线的二流考生来说，简直是高不可攀的，结果这孩子白玩了一年。你说要是有父母陪伴，帮着孩子提一些参考意见，孩子怎么会闹出这么大的笑话呢？

6月5日那天，我给这朋友打电话："明天就高考了，怎么样，孩子都准备好了吗？"

你说我这朋友怎么回答的，我这朋友很不以为然地反问："明天高

考，谁定的？我怎么不知道？"

我们这边几个朋友听了这位老哥的回答简直要笑抽了，我一边笑一边和他在电话里聊："这事都多少年了，每年高考都是这几天，差前差后也差不了一天两天，怎么还谁定的呢？你连这个都不知道，你可真行。这事是你我能定的吗？赶快回家准备准备吧……"

不陪伴孩子也就算了，但是对孩子高考的事情还是应该过问一下吧？还是应该从精神方面、从饮食起居方面提供一些必要的方便条件吧？如此漠不关心的家长的确少见，一般而言，这种家庭中的孩子的考试结果常常也令人失望。

一分耕耘一分收获，没有耕耘就没有收获，任何人都不可能随随便便成功。希望我们的家长能多抽出一些时间关注你的孩子，不要闹出类似的笑话。

◯ 3. 离校出走为哪般

阿杜到清华大学报到的时候，我也跟去了。当天晚上清华大学美术学院给家长们开了一个会，一个党委副书记在会上讲了这么几句话，印象深刻："一定要让孩子有一个开阔的胸襟，不要斤斤计较那些鸡毛蒜皮、仨瓜俩枣的事情，要看得远一些。在班级里排名第几，谁谁当了什么社团干部，这些都不重要，每一个进入清华校门的学生在当地都是最棒的，而这些最棒的学生聚到了一起，成绩肯定也会有差别，有先有后，但是这不重要，即使你排在全班的最后，但是进入社会之后你仍然是最棒的，只要你肯努力……"

其实学习好只是优秀人才的一个方面，只能说明这人拥有比较高的智商，而对一个成功人士而言，拥有较高的智商还不够，情商也相当重要，健康的精神、良好的心态、开朗活泼的性格、开阔的胸襟，这些精神层面的东西对于一个人的成长更为重要。

阿杜在上小学四年级的时候发生了一件事情。

阿杜喜欢美术，对音乐似乎不太感兴趣，所以上音乐课不认真听讲，和同学在下面搞小动作。老师在前面对阿杜说："阿杜，不要在下面传纸条。"

阿杜说："我没传纸条啊！"

老师说："你还犟嘴。"说着就走到阿杜面前，在桌子上翻了一通，没找到什么纸条。

老师说："你把嘴张开，把纸条吃了是不是？"

阿杜张开嘴然后说："我没吃！"

老师发火了："你给我站到前面去，面对墙给我站着。"

阿杜当时只是四年级的学生，敢和老师犟嘴但是还不敢不听老师的命令，只好乖乖地面壁站在那里，这一站就是一节课。下课的铃声响了，老师什么也没说，把阿杜撂在那里自己拿起书本就走了。

阿杜感到很委屈，老师走了，同学们也出去玩了，他站在那里不知如何是好……

下午1点半钟，阿杜班主任给我来了一个电话，问我阿杜回没回家，我说没有啊，老师说："阿杜下午没来上课。"

我一下就毛了，因为阿杜还从来没有旷课的记录。我匆匆来到学校，班主任老师把阿杜和音乐老师发生冲突的事和我说了，我说："这事先这么着吧，等找到阿杜再说。"

我给阿杜妈妈也挂了一个电话，她动员公司里的员工也分头找了起来。一个小时过去了，该去的地方都去了，却一点消息都没有。我的心情越来越沉重，骑着挎斗摩托往学校走，希望阿杜能回到学校。快到学校门口的时候，我在路边发现了阿杜，我一把将他抱上了我的挎斗摩托，什么也没说，阿杜的眼泪哗哗地流淌下来，我也不由自主地泪流满面。

人家说：面壁十年图破壁，一举成名天下知。没想到，我们家这小子面壁一节课就受不了了。

我把阿杜送到了他妈妈的公司，然后到学校将老师体罚学生的事和校长进行了交流，老师受到了相应的批评。

但是，事情并没有完。我想，一个只有四年级的孩子如果遇到一点不顺心的事情就负气出走，一点委屈受不得，一点不能容人，这怎么行呢？

将来的路还长着呢，被别人冤枉、误解的事情何止万千？所以，我要想办法和孩子沟通，让孩子的心胸宽广一些，要学会容忍、学会容人。

晚上，我发现阿杜的心情似乎好了一些，才试探性地问他："阿杜，你上课的时候到底传没传纸条？"

阿杜很坚决地说："没传。"

我再问："这么说你也没吃纸条？"

阿杜："没吃。"

我说："好，阿杜，爸爸相信你，这说明老师冤枉了你，而且老师也不应该体罚学生，这都是老师的不对。但是，阿杜你也有不对的地方，你自己也应该反省一下。首先你不应该在课堂上说话，影响老师上课，老师说你的时候你更不应该在课堂上和老师顶嘴。即使老师说的不对，你也可以下课之后单独和老师交流，给老师留一点情面。你这样公然和老师顶撞，老师很没面子，她还怎么管其他学生，她肯定要把你的威风打下去，这样最后吃亏的还是你，你说是不是？"

阿杜不吱声，但是也没有反驳我，于是我变本加厉。

"再说了，你在下面不听课还和同学说话，影响老师上课是肯定的了，老师说你几句那又有什么大不了的呢，你也得让老师心理平衡一下吧。老师说你传纸条、吃纸条，你没有传纸条、没有吃纸条，这说明老师不对，而且老师也不该让你到前面站着，下课了也不应该不理睬你，这些都是老师不对，但是你也不该出走啊，你想啊，你出走最着急的是谁？是你的爸爸妈妈，你这不是拿别人的错误惩罚你自己的爸爸妈妈，惩罚你自己吗？你说是不是？"

阿杜点头。

我又说："以后要学着大度一些，不要对别人的批评反应得那么剧烈，要用宽容的心态去面对别人的错误，多理解一点别人，遇到事情换过来想一想，多想一想自己不对的地方，给自己留有余地，也不至于把别人逼到死胡同里。对自己对别人都好，你说呢？"

阿杜"嗯"了一声。

我说："好了，这个事情就算过去了，咱们就把它忘了吧，你以后无论遇到什么事情再也不许出走，要多和爸爸妈妈沟通，爸爸一定会为你分担的，宽容地对待老师、对待同学，宽容地对待亲人和朋友，好吗？"

……

这件事情之后，阿杜再没有和任何老师发生不愉快。

阿杜上高三的时候有一天回家问我："老爸，我最近的绘画水平一直上不去，我是那种学习和绘画都齐头并进型的，哪方面都不是最出色的，人家老师就关注那几个绘画最好的学生，其他学生的作业老师都很少看，也很少指点，这样下去的话我高考能行吗？"

很明显，阿杜对老师有想法，对那些绘画好的学生有嫉妒心理。怎么办？我当时想：这个时候最好的办法就是疏导孩子。

于是我说："阿杜，这事我可没办法，一个班里有六十多名学生，老师不可能照顾到每一个，他们肯定要把更多的精力用在最出色的几个学生身上，老师还等着他们出彩呢！社会就是这样，任何单位、集体都一样，排在最前面的几个人受到人们最多的关注。就说电视吧，海信、夏普、海尔，就那么几个名牌受到人们的关注。你想要得到人们的关注你就得往前冲，就得自己努力，争取让自己站在最前面，否则没有人会关注你，这是社会法则，你改变不了，我也无改变。所以你得想得开，也别嫉妒人家水平高的同学。老师不是顾不过来吗，你可以向画得更好的同学学习啊；你也别怪老师对你们不用心，老师不主动给你辅导，你有问题可以主动找老师啊，你得学会积极主动地学习。其实最吃亏的就是你这种情况的人了，最靠后的学生老师怕他们给自己抹黑，怕他们掉队，担心他们考不上任何大学，所以得用一定的心力去关注，结果你们这些上中等的学生倒成了最容易被忽视的一群。"

我的劝慰似乎得到了阿杜的理解，他点了点头，没有吱声，但是这以后我却发现阿杜自我学习的劲头更大了，他想开了。

这就是宽容的力量。因为宽容，所以也常常可以得到别人的宽容；因为宽容，所以你的朋友多；因为宽容，所以你快乐；因为宽容，所以你精神爽朗、身体健康……

4．2005年的一场大雪

现在的年轻人与我们那个年代的人在感情问题的处理上存在着很明显的代沟，像我们那种执著于爱情、为爱情可以牺牲一切、为追求爱情可以付出任何代价的"傻瓜"已经是稀世珍品了。但是，毕竟爱情是维系婚姻的基础，婚姻是组成家庭的前提，家庭是生活稳定的条件，而生活稳定才更容易获得事业的成功、家庭的幸福。

为什么爱情生活不和谐的人容易走极端，为什么单亲家庭的孩子容易不幸福，为什么婚姻失败的家庭里孩子更容易犯罪……这一切都说明了情感教育的重要性。父母是孩子的第一任老师，孩子的很多东西都是从父母身上学到的，所以给家庭营造一种甜蜜温馨的气氛，让孩子从父母成功的婚姻中感受到幸福，让孩子在父母美好的情感生活里体验到爱情的美妙，这是对孩子最好的情感教育，是保证孩子未来生活幸福的一个重要环节。

让孩子看到父母之间必要的情感表达并没有什么难为情的，重要的是你要表达得恰如其分，恰到好处，这是一种很正常的情感教育、情感互动。

阿杜17岁那年的情人节，我在一家高级酒店订了一桌美食，预先订了一束玫瑰，这一切都是悄悄进行的，夫人和孩子都不知道。在我们进餐过程中，送花的人在美妙的音乐声中走进了我们的房间，我接过鲜花献给我的夫人……夫人很感动，儿子也很惊讶："哇噻，老爸好浪漫啊。"

那顿晚餐我们吃得很愉快，往回走的时候孩子说："还是你们俩单独活动吧，我可不当你们的电灯泡了。"

听孩子这么说我很高兴，我说："那我们两个可单独活动了，我领妈妈去看电影，今天正好上映《周渔的火车》。"

阿杜说："你们去吧，我得回家写作业了。"

阿杜捧着我给夫人买的玫瑰往家跑，我们两个去看电影。看完电影回家的时候阿杜向我们抱怨："你们俩可把我给坑了，遇到我们班一个同学，他问我给谁买的玫瑰花？"

……

2005年情人节之前的某一天，我忽然接到一个中学女同学的电话，夫人不依不饶地问打电话的人是谁，并和我吵了起来，吵得一塌糊涂，最后夫人竟然小题大做地吵着要离婚，还把我的电话夺过去给摔了个粉碎。记得那一天正是春节休假期间，整个吵架过程孩子一直都在场，让阿杜看到了父母最丑陋的一面。

我们尽情地吵着，饭也没做，阿杜不愿意目睹这一切，不知道什么时候自己溜走了，我们也没在意，可是到了晚上7点，孩子还没回来，也没有一点消息，这回我们俩着急了，也不吵了，开始给阿杜打电话，孩子的电话竟然关机，一直到晚上9点多钟孩子才自己回来。他什么也没说，郁闷地回到了自己的房间。

几天之后，我在阿杜的日记里看到了这样一段文字：

2005年的一场大雪

下雪是孩子们最欢乐的时刻，然而这纷乱的白色飞絮对今天的我而言，只会给我心中徒添一份不尽的烦恼。

我走在街上，周围行人稀少，路人行色匆匆，大概都急着往家赶吧？出租车开得很慢，它载得也是归人吗？

我走在街上，鞋子踩在积雪上，深一脚浅一脚，即使想要快走也力不从心。地面上的雪覆盖住光滑的路面，那突如其来的光滑令我险些摔倒。然而我不能让自己那么轻易地摔倒，对于2005年这突如其来的大雪，TMD！并不是害怕摔倒了会疼痛，也不是害怕那样会弄脏我的衣服，只是

▲阿杜作品《一个人》

我不想让人看到自己的倒下。

我走在街上，雪花选择了开在我的脸庞上，啪嗒，啪嗒，虽然已经早春，然而这场雪依然很冷酷，好像是在告诉人们不要轻易相信这个世界。经过一棵高大的松树，那粗壮的枝干、墨绿的针叶也已经被大雪覆盖了大半，大树被大雪包裹着，一个不是很粗的树枝在积雪的压迫下不时发出呻吟，看来高大的松树有的时候也是靠不住的啊！它可以为你遮挡风雨，但是在突如其来的一场大雪面前，它也难免受到伤害。

我走在街上，几辆轿车停靠在路边饭店的门前，任风雪肆虐。我不禁觉得，这些有车的大人物们真是可笑，在这么冰冷的时刻，有什么地方会比家庭更温暖呢？

我在街上走着，想起了除夕之夜给我们带来欢乐的那场大雪。

我相信在今后的生命历程中，还会有许多场大雪，每一场大雪该来的时候它总会来，这不以我们的意志为转移，但是我希望每一场大雪给我带来的最好是更多的欢乐，而不像今天这样冷酷，漫天弥漫。

然而，这只是希望，境由心造，大雪给我们带来的是欢乐还是寒冷，其实多半还是由我们自己决定。

我把孩子的日记给他妈妈看了，我们两个的眼睛都不知不觉地湿润了。

看到孩子在日记里描写的那棵大树，我想起了阿杜2004年5月以大树为题的另一篇作文，在作文里他把我当成他生活里的一棵可以依靠的大树，看了之后让我非常感动。文章是这样写的：

大　树

提起大树，我首先想到的是我的父亲。

有一首歌是这样唱的："父亲是那登天的梯，父亲是那拉车的牛……"比喻得很恰当。但是，对我而言父亲更像一棵参天的大树，在我走过的十六个年头里，为我这棵扎根在大树下的小苗遮风避雨。

刚刚到开发区的时候，炎炎夏日，父亲坚持每天骑自行车送我去幼儿园。你们可能会认为，这是作为一个父亲最起码的责任。可是你知道吗？为了送我去那个前不着村、后不着店的幼儿园，父亲每天要在烈日下的山道上蹬近一个小时的自行车！在那条去幼儿园的路边，有一条水声潺潺的小溪，每天路过那里的时候，我坐在自行车的后坐上，看着爸爸被汗水浸湿的后背，我真怀疑那条小溪是由父亲的汗水汇成的！

▲阿杜与大树

　　我上四年级的时候，家里买了一台饮水机，那个时候我的个子刚好和饮水机的高矮差不多。然而年少气盛的我，却总对着那庞然大物跃跃欲试。终于有一次在父亲没有注意的时候，将手伸向了一桶刚刚送来的矿泉水。当我颤颤巍巍地举起那庞然大物的时候，父亲在身后用力一托，助了我一臂之力，将我从骑虎难下的窘境中解脱出来，将那桶矿泉水顺利地安放在饮水机上。

　　如今，我已经是一个初三的学生了，然而在父亲这棵参天大树底下乘凉的我，其实还是一棵稚嫩的小苗。每当我有什么疑难问题的时候，已经忙碌了一天的父亲都会坐到我桌前耐心地给我讲解；每天晚上我学习到深夜，父亲总是不声不响地陪伴在我的身边……

　　母亲对儿女的爱是温暖的、细腻的；然而父亲的爱是深沉的、伟大的。那种爱，就像大树低垂着它的绿荫庇佑脚下的幼苗一样，它承受着强烈的阳光、猛烈的风雨，使脚下的小苗茁壮成长。这种爱是多么地令人感动啊！

　　我真恨不能使自己马上长成一棵和父亲一样的参天大树，为父亲这棵老树遮风挡雨，为父亲这棵老树分忧解难，减轻父亲这棵老树的负担，回报这棵大树一直以来对我这棵幼苗的庇佑和爱护。

不过是半年多一点的时光，孩子心目中那棵光辉而高大的树木就这样被我给毁掉了吗？

我们夫妻两个捧着孩子的日记，约定无论今后发生什么事情，都不在孩子面前吵架，从今往后一定要彼此恩爱，让孩子拥有一个温馨而美好的家庭。

从那以后一直到孩子考上大学，我们再也没吵架，我们要把自己的感情生活处理好，要当孩子的榜样，要让孩子学会什么是爱，怎样去爱，让孩子沐浴在爱的阳光里。

◎ 5．和"黑社会老大"叫板

阿杜上初一的时候发生了一件事情，是一件和"黑社会"有关的事情，让我们心惊肉跳。

一天，阿杜晚上放学回来让我看他的手，我拿过来一看大惊失色，他的小手指肿得像个水萝卜，我问阿杜："怎么搞得？"

阿杜一脸无所谓的样子："下楼梯时在墙上促的。"

"疼吗？"

"疼。"

"我给你上点药吧。"说着，我把红花油给阿杜搽了一些，又给阿杜吃了些管跌打的药。

过去我也促过手腕、脚脖子，所以我以为过两天肿消了也就好了。可是，第二天阿杜放学的时候我一看不对劲，小手指不但没消肿反而肿得更厉害了，这会儿已经不像小水萝卜了，而是像一个大水萝卜。

我怕阿杜担心，就劝慰阿杜："没事，等明天我领你上医院拍个片子，看看是不是伤了骨头。"

上医院一看坏了，小手指股骨头骨折。小手指股骨头就是小手指的根部和手掌连接的那个部分。医生说："这个地方最不好接了，因为小手指的股骨头很小，不好固定，必须用一根钢针把它和小手指穿在一起，等长好了之后再把那根钢针拿掉，差不多需要一个多月。"

……

钢针穿在阿杜的骨头里，那何尝不是穿在我的心里呢？从医院出来我就心疼地问孩子："阿杜，你必须告诉我到底是怎么回事，在墙上促一下怎么就把手指头促折了呢，你别和爸爸撒谎，无论发生什么事情，你都不应该瞒着爸爸，你告诉爸爸，爸爸和你一起想办法。"

阿杜嗫嚅了半天说，终于向我说出了事情的真相。

阿杜他们班里有一个特能打架的家伙，谁也管不了他，老师也管不了，后来老师就想了一个办法，让这个能打架的学生当班长，让他来维持班级的纪律。27日那天，阿杜前面的一个同学在课堂上说话，这个班长过去一把抓住这个同学的头发，把他的头往桌子上哐哐地磕，一边磕一边狠狠地问他："还说不说话了，说，还说不说话？"

那个在课堂上说话的同学蔫不拉叽地说："不说了。"

班长大声嚎叫："大声说，说'我不说话了'，说一百遍！"班长一边嚎叫着，手还按着那同学的头往桌子上磕。

阿杜有些看不下去了，走上前去和班长理论："我说差不多就行了吧，你这不是欺负老实人吗？"

班长一听就火了，他冲后面一挥手，立刻上来三个帮凶，奔阿杜而来，其中一个用胳膊从后面勒住了阿杜的脖子，另外两个一边一个就要打阿杜。阿杜抬起右手向后用力一抡，勒脖子的同学感觉阿杜的劲头不小，向后一闪，阿杜的手一下子打在了水泥墙上，小手指就变成了现在这样……

▲阿杜作品《玩的挺开心》

我问阿杜："老师怎么处理的这件事？"

阿杜说："老师把我训了，说我不应该干扰班长的正常工作，说我是故意挑衅，破坏班级纪律，让我写检查。"

我一听就火冒三丈，我说："阿杜，这个事情你做得对，一点都没有错，这要是在社会上你这样做就是见义勇为。班长怎么了？班长管束同学也不应该用武力啊，再说了班级里怎么能用这样的人当班长呢？你不用写什么检查，明天我去找你们老师。阿杜，以后你记着，什么事情都要和爸爸说真话，不能和爸爸撒谎，这事如果你不和我说，谁为你主持正义？你明明做了正确的事情却要挨老师的批评，哪有这样的道理？这就是你撒谎的代价。即使你做错了事情也不怕，爸爸总不会冤枉你吧，让你写检查吧？爸爸说你几句又能怎么样？总比你在外面被冤枉、受委屈要好吧？尤其重要的是，这事处理得缺乏公平和正义，我们决不能妥协。"

让一个最能打架的同学当班长，阿杜早就觉得这事不对，没发生骨折事件的时候，阿杜就在一篇日记里写出了自己的想法，他给那篇日记起了一个名字，叫《"黑社会老大"》：

黑社会老大

老师，你对我们说："我只要一个安静的学习环境，别的后说！"我认为这种说法是不对的。学习环境在一种高压的管束下可能会好一些，但是这样得到的"好"环境，不一定就能使学生们得到好的成绩，在这种环境中成长起来的学生不一定会成为真正的好学生。

老师，虽然我知道你也有你的苦衷，但是我认为我们无论做什么事情，还是不能本末倒置，忘记了事情的根本；我们更不能饮鸩止渴，只看眼前的利益，而忽视了长远的利益。

老师，你叫老K当班长，大家心里很不舒服。他是我们班最能打架的学生，也是我们班里最能骂人的家伙，他的学习更是一塌糊涂，你让他来管理班级，让那些品学兼优的学生心里怎么想呢？我们大家向他学一些什么呢？作为一班之长我认为首先应该是一个有道德的学生，其次还要有一定的才能，可是他有什么呢？如果把这个策略推广到社会上去的话，那就是让黑社会老大当市长！

另外，你叫老K当班长也太折磨人了。他根本没有什么管理的本领，也缺乏管理班级的方法，你不在班级的时候，自习课上我们只能听见他夸张的声音在吼叫："小声点，小声点！"然而他的声音盖过了其他一切声音，如果没有他的吼叫屋子里可能还会更肃静一些！

老师，这个日记你可要为我保密呀！

孩子说得多好！

我拿着孩子的这篇日记找到了主抓纪律的校长，把事情的来龙去脉原原本本地和校长做了反映。校长看着阿杜的日记，频频点头："说得好啊，孩子有思想啊，是我们工作的失误，你先回去，我会给你一个满意的答复。"

后来，班主任和班长都受到了校长的批评，老K也被免除了班长的职务，我们花销的所有医疗费用也由学校承担了。

这件事情之后，阿杜认识到了撒谎的后果，以后无论再发生什么事情他都能主动和我们敞开心扉，他懂得了这样一个道理：撒谎的后果比被爸爸妈妈批评几句要严重得多。成长总是有代价的。

很多事情你如果处理好了，正面的效益常常是多重的。就这件事情来说吧，首先我为阿杜主持了公道，其次增加了孩子对我的信任，第三不合格的班长被免职，最后，也是最重要的，阿杜认识到了撒谎的后果。

6. 让挫折变成人生的财富

高考落榜的确是人生的一个重大挫折。

我夫人一个同事的孩子，高考落榜，第二天一觉醒来就疯掉了。这发疯的孩子每天腋下夹着两本翻烂了的破书，右手拿着一根棍子满世界乱跑，孩子在前面张牙舞爪地奔跑，母亲在后面披头散发地狂追，那样的景象，看了就让人心酸，想一想就让人害怕。当然了这是一个极端的例子，

然而因为高考落榜而离家出走的、抑郁的、自杀的还少吗？

任何事情都具有两面性。当落榜成为现实，成为过往的时候，我们当家长的应该做的不是叹息，而应该想办法将这个重大的人生挫折变成孩子终生受益的教训和财富。对80后这些独根独苗来说，人生充满了快乐、幸福，每个家庭都是一个孩子，他们要风得风要雨得雨，每一个孩子都像家里的小皇帝一样，顺风顺水惯了，有些孩子竟然连一句逆耳的话都听不进去。然而，进入社会之后的人生之路还可能是这样的吗？当然不可能，就业的压力、爱情和婚姻的压力、住房的压力、工作中激烈的竞争……各种各样的烦恼、压力可能都不亚于高考落榜。我想，现在正好利用孩子落榜这件事对他进行一次挫折教育，让挫折变成孩子人生的财富，让坏事变成好事，这也算是一个契机吧？

说实在的，当年我从清华大学的网页上查到阿杜落榜的消息之后，我也惊讶了，大脑在瞬间一片空白。

报考结束之后，我们一直都认为上清华美术学院是板上钉钉的事情，我们一家沉浸在幸福和欢乐之中。然而，命运和孩子开起了玩笑。

那天上午，我在清华大学的网站上查到了高考录取结果，阿杜落榜了。

当年阿杜文化课分数是510分，美术课分数是520分，总分1030分，而清华大学美术学院当年在辽宁省的录取分数线是1046.5，阿杜以16.5分之差而名落孙山。而当年清华大学美术学院在北京市的录取分数线是940分，北京和辽宁之外的其他地区录取分数线才1020分。现在说这些还有什么用？这就是中国的高考制度，就这么一座独木小桥，每年成千上万名学生拼命地往上挤，而各个地方通往这座独木小桥的台阶又不一般高，每个学生每年就给你一次上桥的机会，一旦落水你只能怀着一颗湿淋淋的心明年再来。

这种结果是相当残酷的。"坐过过山车的人一定体验过从顶端滑落到底端时的那种失重感觉，无依无靠，仿佛太空中的一粒尘埃，非常可怕。"我夫人后来告诉我："我知道孩子落榜的消息之后，当时的感觉就是这样的。"

我把落榜的消息用电话告诉儿子的时候，我的眼泪其实也在眼睛里直打转，但是还得装作若无其事的样子劝孩子："阿杜啊，没事，咱们的第二志愿不是报的上海理工大学吗？这个学校也不错，我上网查了，人大常委会副委员长雷洁琼、中国科学院院长徐匡迪都是这个学校毕业的，咱们上这个学校也不错……"

　　孩子是不是听进去了，我根本不知道。报志愿的时候，校长和班主任都认为报考清华大学没问题，肯定录取，孩子听了校长和老师的话，心里有了主心骨，那些天孩子一副踌躇满志的样子。阿杜的初中同学甚至都把话扬出去了："我初中同学阿杜考上清华了。"就别提我们有多高兴了，心情一直灿烂着。孩子说累了这么些年了，想放松放松，要一个游戏机。他妈觉得孩子的要求也不算过分，就给他买了一个游戏机。孩子白天到驾校去学车，晚上没事的时候就玩玩游戏，生活的天空一片阳光明媚，洋溢着一股兴奋的气味。

　　我告诉他落榜消息的时候，阿杜正在驾校美滋滋地学车呢。接了我的电话没有多一会他就给我打回来了："爸，本来今天学得挺好的，一共练了三次倒桩，每次都过了。接了你的电话之后立刻就没电了，手也没劲了，脚也抽筋了。你还是开车把我接回去吧。"

　　当天晚上我们一家三口坐在一起，我和他妈妈一脸的无奈和沮丧，孩子看到我们这副神情，倒先笑了："没这么严重吧，笑一笑，笑一笑。"

　　我说："阿杜，你有什么打算？"

　　阿杜很坚决地说："上海理工大学我肯定不去，上就上清华大学，别的学校我不想去，我想复读。"

　　他妈妈说："太累了，孩子，你爸在网上查了，上海理工大学已经录取你了，你们那个专业辽宁一共就录取两个，那也是多少人梦寐以求的学校啊。我朋友的一个孩子也是今年考上的上海理工大学，明天他们在一个四星级酒店庆祝，咱就凑合着念吧。"

　　我又说："上清华大学的也不一定都能成为栋梁之材，去上海理工大学将来也一样有出息，师傅领进门修行在个人。大学毕业之后的路还长着呢！"

阿杜说："我不管别人是不是梦寐以求，我梦寐以求的大学就是清华。"

我们三个人短暂地沉默了片刻。

还是我首先打破了沉重的沉默："阿杜，这次可是你自己的选择，你既然作了这个最艰难的选择，那你就得义无反顾了，我们不逼你，可你要对自己的选择要负责任，明年要是考不上后年教材可就改了，对你会更不利。"

阿杜说："我知道。"

我继续唠叨："这就是生活，人生不可能处处是顺心的事情，常言说，人生不如意十之八九，咱都20多岁了，不就碰上这么一件不顺心的事吗，咱从哪里摔倒就从哪里爬起来。将来等你进入社会了，这样的事情可能还有，社会不可能都按着你设计好的样子迎接你的光临，社会的规则也不会因为你而改变，大山不会自己走到你的面前，你必须自己走到大山的面前，我们必须适应社会的规则。关键是你得正确对待眼前的挫折，把挫折变成你今后的动力，这样你今天的马失前蹄才有意义……"

这回孩子没像以前那样嫌我唠叨，他仿佛一下子就变得成熟了许多，他说："老爸，我会记住这次教训的，将来不管遇到什么事情，我都会想着告诉自己：千万不能飘起来。其实这次落榜都怪我，美术专业考试考得太好了，我们整个年级三大美院都来证的都没几个，我们班就我一个，我想就是考个四百来分也能上中央美院、中国美院，所以后来的两个多月，我的文化课就放松了，你们看我来年的吧。"

听了儿子这样的表白，我们还能说什么呢？我们三个学着电影里的镜头，把手叠在一起，异口同声地大喊："加油……"

他妈妈说："那好，现在咱们就把游戏机收起来吧，马上把你收拾起来的那些书本都找出来，你爸都问清楚了，十五中7月17日开始暑假集训，咱明天就去大连租房子，咱们三个齐心协力再拼一年，让我们美梦成真！"

孩子沉默着把他心爱的只玩了三天的游戏机收拾起来，收拾的时候眼泪还一直在眼圈里转打，当他把游戏机递到他妈妈手里的时候，两双眼睛不约而同地湿润起来，眼泪稀里哗啦地流淌下来。他妈妈心疼地把孩子搂在怀里："明年咱们一定能考上。"

就这样，我们把清华落榜这件沉重的事情变成了孩子一生都受用不尽的财富。

每一个家长都不希望自己的孩子落榜，不希望孩子摔跤。但是，希望不能代表现实，当残酷的现实摆在眼前的时候，我们最应该做的就是正视现实，将残酷的现实转化为人生的经验、财富，摆脱失败的困扰，让孩子重新站起来，振作起来，这才是最佳选择。

看看阿杜怎么说：

苦难是人生的财富

> 千锤万凿出深山，
> 烈火焚烧若等闲。
> 粉骨碎身浑不怕，
> 要留清白在人间。

于谦的这首《石灰吟》大家一定都非常熟悉，记得初二初读这首诗的时候，我对它并没有什么好感，只觉得这作者是吃饱饭撑的，无病呻吟而已。有那么多的好山好水不写，而要去写什么灰头土脸的石灰！然而，经过了语文老师对诗歌详细的讲解，经过了化学课对石灰和石灰岩的深刻理解，也经过了初三紧张学习生活的体验，我对生活有了新的感悟，对这首诗也有了全新理解。

石灰，它原来不过是山上毫无用处的毛石，但是，经过工匠们的千锤万凿，经过几百度高温的烈火焚烧，毛石变成了粉末，然而它坚硬的性格却丝毫没有改变，它因此变得更洁白，变得对人类更有用处。磨难改变了石灰岩的外表，但是它坚硬的品格却在磨难中、在烈火中得到了进一步的升华。

人又何尝不是如此呢？

有一首歌不是这样唱吗："不经历风雨怎么见彩虹？没有人会随随便

便成功。"

苦难是人生的老师，苦难是人生的财富。

春秋战国时，孙膑曾被人诬陷叛国，因而受到酷刑的折磨，两膝俱废。然而，遭到如此痛苦的磨难，孙膑并没有一蹶不振，而是苦修军法，伺机而动，东山再起，最终将自己的敌人一举打败，并写出了千古不朽的军事名著《孙膑兵法》。

历史学家司马迁因触怒天子，惨遭宫刑，历经磨难和羞辱，但是他并没有因此而沉沦，没有被生活中的困难所压倒，而是以惊人的毅力完成了中国历史上第一部纪传体通史——《史记》，赢得世人的景仰。

著书者如此，音乐家亦然。无与伦比、举世无双的音乐大师贝多芬两耳失聪，但是倔强的他丝毫没有向命运低头，他紧紧扼住命运的咽喉，努力不懈，力攀音乐艺术的高峰，最终使自己成为音乐界的一代宗师。他的《命运交响曲》，不正是这样一首感天动地的对生命予以礼赞的歌吟吗？

失聪者如此，瘫痪者也是如此。我们最熟悉的张海迪，从小就高位截瘫，但是她克服了常人无法忍受的困难，坚持学习，坚持创作，完成了多部著作。不仅没有成为社会的负担，反而为社会做出了巨大的贡献，成为我们学习的楷模。

……

古今中外，这样的例子太多太多，简直不胜枚举。它们一起为我们验证了这句话——苦难是人生的老师，它教会你很多平常生活中学不到的东西。

苦难使我们感觉到平常生活中蕴藏的幸福，苦难使我们的思想由肤浅变得更加深刻，苦难使我们从软弱变得更坚强，苦难使我们从幼稚走向成熟。

朋友，当生活向你施压时，不要气馁，不要低头，更不要轻言放弃。

普希金有一句诗说得好："相信吧，美好的日子就要来临。"

雪莱有一句诗说得更好："冬天来了，春天还会远吗？"

2004年2月10日（初三作文）

7．噼啪及其他

孩子在外面受到冤枉、委屈，父母一定要为孩子主持公道，让孩子感觉到这世界的光明、公平和正义，让孩子学会敢于和黑暗、不公、邪恶抗争。如果我们每一个家长都能做到这一点，我们的孩子都能做到这一点，我们的生活里正义的阳光一定会驱走邪恶、黑暗和阴霾。

但是，当孩子做了不正确的事情，父母千万不能纵容，要站在公正的立场上严肃地批评孩子。很多时候，父母能为自己的孩子主持公道，但是当自己的孩子错了的时候却常常纵容孩子，这就很不对了。

在我的记忆里，阿杜从上小学一年级到考上大学，一共打过三次架。

上小学一年级的时候，有一次阿杜在他妈妈公司后面的一个广场和小朋友玩，两个人为什么事情打起来的现在已经忘记了，只记得对方的孩子搧了阿杜一个大嘴巴子。

说实在的，从小到大我从没打过阿杜，他怎么能受得了这个呢？阿杜回到他妈妈的公司，也没找他妈，直接拽着一个膀大腰圆的业务员就出去了。那个业务员听说有人搧了阿杜一个嘴巴子，这还了得？业务员也没告诉他妈妈，就在阿杜的指认下薅住那个打人的小朋友，对阿杜说："搧他，使劲搧。"

阿杜攒足了力气，来了一个左右开弓，噼啪搧那小朋友两个更大的耳光。

这还用说，这事明摆着是阿杜没理。小孩子打架谁也不怨谁，别人的孩子搧阿杜嘴巴子肯定是不对的，但是大人领着孩子搧对方的嘴巴子就更不对了。人家的父母能善罢甘休吗？

等对方父母来找我们算账的时候我和妻子才知道事情的来龙去脉。我们把阿杜和那个业务员好个批评，晚上又买了一些好吃的东西领着阿杜到那个小朋友家去道歉，这才平息了这件事情。

当天晚上，我就此和阿杜谈了一个多小时，虽然孩子当时还不到10岁，但是你如果纵容他这种行为的话，将来孩子就学会了以暴制暴、以恶制恶，就不好管了。发现孩子不对的地方一定要及时纠正，哪怕只有一点

点倾向，如果你不及时让他改正的话，他就有可能向错误的方向越滑越远，防微杜渐说的就是这个道理。

还有一次打架发生在阿杜上小学四年级的时候，后来阿杜把事件发生的过程和自己深刻的认识都详细地写在一篇日记里，所以我就不在这里饶舌了。

看看阿杜怎么说：

难忘的教训

那是四年级下半年的一天，自习课上，我风卷残云一般地将语文词语本上的作业做完了，这时，坐在边上的商晴晴立刻凑过来要借我的作业本，我很得意地将作业本递给了商晴晴。同学们都低头在那里刷刷地写着作业，我闲来无事，于是开始读我喜欢的漫画，当时看的什么书已经记不得了。刚刚翻了几页，正来劲呢，李少龙也回头跟我借词语作业本，我挺烦的，就没好气地说："已经借给商晴晴了，别来烦我！"还没等我说完呢，李少龙已经开始游说商晴晴了。因为我看漫画正来劲，也没有理会他们。不知为什么，他们俩竟然你一嘴我一嘴地吵了起来。我闲他们吵闹得烦人，就在他们的吵闹声中插了一嘴。毕竟商晴晴是我的"老对"（同桌），所以我就帮着商晴晴对付李少龙。

李少龙自觉"兵力不足"，没趣地将伸得老远的脖子做了一个180度的大旋转，转回了正常的角度，随着扔了一句："怎么这世界上有两个商晴晴？"

这商晴晴是个女生，李少龙说"世界上有两个商晴晴"也就是说我也是"商晴晴"，意思是说我"三八"得像一个女生。这令我无明火起三千丈！因为我小的时候相貌文静，说话的声音圆润，爸爸妈妈的朋友们总说我像个女孩，这样说虽然并没有什么恶意，但是我却非常反感，仿佛阿Q头上的疤癞，谁说我像女孩我立刻就会和谁急。

我拿起铅笔就开始在李少龙那引以为傲的运动衫上不停地乱画。这个损招马上产生了效果，只见李少龙猛地又将那灵活的脖子旋转了180度，以迅雷不及掩耳之势抄起了我书桌上的字典，以我高贵的头颅为目标，"嘭"地一下向我砸来。我被这突如其来的袭击打得头晕眼花，等我醒过神来的时候，李少龙的脖子已经恢复了正常的角度。我真是气不打一处来，拿起笔继续发挥我的特长，开始在他的背上"作画"。李少龙显然被激怒了，像发了疯的狮子一样，回过头来一股脑地将我桌子上的书本一样不剩地打在我的头上。我抖了抖精神刚要开始我的反攻，周围的同学纷纷上前把我们分别按在了座位上。

李少龙仿佛得胜回朝的将军一样得意，占了便宜还不算完，等拉架的同学一走，他嘴里还不住地大放厥词："不就会画两笔吗，除了在我背上作画，还会干什么？"

本来我已经打算就此打住了，虽然被书本乱砸了一顿，并没有真正打疼我，但是毕竟在同学面前丢了面子，现在这个小子还拿这样的话刺激我，我终于被怒火冲昏了头脑，恶狠狠地回他的话说："拿笔画怎么的，我还敢拿刀在你背上画画！"李少龙根本没拿我的话当回事，头也没回地说："你敢吗？"

说时迟那时快，我拿起文具盒中削铅笔的刀片，手起刀落，狠狠地在他背上划了一刀，他崭新的运动服被划开了一道大口子……

我和李少龙被送到了老师的办公室，老师掀开李少龙被鲜血染红了的运动服，只见他的背上被我划了一条两寸多长的大口子。站在边上的我惊见自己鲁莽的杰作，不觉吓出了一身的冷汗，为自己的鲁莽而害怕之极。

事情已经过去很久了，但是这件事给我的教训却是历久弥深的。在我们未来漫长的人生道路上，肯定还会遇到很多沟沟坎坎，一定还会遇到很多不顺心的事情。如果遇到一点不顺心的事情就控制不住自己的情绪，做事不计后果，那么一生中将会留下多少遗憾啊！

教训，这是我一生中时刻需要铭记的教训！

1999年3月10日（小学四年级日记）

事情发生之后，阿杜妈妈第一时间就赶到了学校，她迅速把孩子送到了医院，马上和那孩子的家长取得联系，替孩子向李少龙的家长作了深刻

的检查。晚上，我们和阿杜进行了一次长谈，对事情的后果进行了深刻的分析，阿杜也认识到了事情的严重性。之后，我们买了一些水果，领着阿杜到李少龙家里看望李少龙，让阿杜自己向李少龙道歉，两个孩子和好如初了，不仅他们和好如初了，阿杜的妈妈和李少龙的妈妈通过这件事竟然成了朋友。

一个孩子从小到大，什么事情都有可能发生，事情来临的时候一定要保持冷静，不要不问青红皂白就打骂孩子。最好把事情弄清楚之后，把利害告诉孩子，让孩子知道后果的严重性，这比把孩子打一顿要好很多。你把孩子打一顿，你累够呛，孩子的心灵和肉体也受到一定的伤害，而孩子可能还不知道事情的严重性，不知道自己错在哪里。所以，教育孩子要多动脑、多动口，少动手、不动手。

·第五章·

比100分更重要的那些事

> 一个人如果不是真正有道德，就不可能真正有智慧。不管时代的潮流和社会的风尚怎样，有智慧的人总可以凭着自己高贵的品质，超脱时代和社会，走自己正确的道路。

1. 鱼和熊掌我都要

良好的品格与良好的学习成绩都很重要，但是哪一个更重要一些呢？根据二者的优劣程度我们可以得到四种排列组合的结果：

第一，具有良好的品格，也具有良好的学习成绩，这样的人将来有成大器的可能，是人才；

第二，具有良好的品格，没有良好的学习成绩，这样的人应该算是一个平常人，不能成为栋梁之材，也不可能构成对社会的重大危害，但是他基本上算是一个自食其力的平庸之人，应该是一个庸才；

第三，没有良好的品格，但是有绝佳的学习成绩，这样的人绝对是一个歪才，将来很可能成为一个黑社会老大，对社会构成危害；

第四，没有良好的品格，也没有良好的学习成绩，这样的人就是一个

蠢才，充其量也就是一个小混混，他不可能对社会构成什么大的危害，但是也不可能对社会做出什么贡献。

通过这四种排列组合结果我们可以看到，其实良好的品格比优异的成绩更重要，只有才能，没有德行，那是很可怕的。但是，由于多年以来人们过分夸大了分数、才能的作用，导致了人们轻视德育教育的倾向，这样的结果无论对个人、家庭、社会来说都是可怕的、可悲的。目前，那么多没有信仰的高官从富丽堂皇的办公大楼走进壁垒森然的监狱，为什么？因为他们缺乏高尚的品格，缺乏道德、信仰；因为他们被压抑的人性在伪装了多年以后，终于找到了释放的机会，他们的灵魂必然要扭曲。

所以，培养孩子的原则应该是鱼和熊掌都要。学习、智力不可偏废，道德品质更不可或缺；而且要把孩子的道德品质教育放在更重要的位置。任何时候都不能为了学习成绩而牺牲孩子的道德培养。

说一件事：

有一次，孩子回家和我们说起有人抄袭他作业的事情，我觉得这个事情挺难处理。同学之间借作业抄，你不借就影响彼此的友谊，况且人家也许不是想抄，只是做不出来了想借鉴一下，所以不能把这事看得太认真，也不能总用成人的有色眼镜看待孩子之间的交往，不要用我们成人不干净的思维去分析和判断孩子的行为。但是，如果有的同学就是不愿意写作业，每天就是为了完成作业而抄袭别人的作业，也的确是一种不良的行为。而孩子太小，让孩子自己来解决这样的重大问题似乎也不太现实。但是这样的小事还真的不能小觑，不能坐视，不能放任。这么小的时候就学会弄虚作假，将来会发展到什么程度呢，所以为了引起阿杜对这个问题的认识，我还是决定认真地和孩子谈一谈这件事。

我说："阿杜，同学要借你的作业就借他们看看，别太保守，你也有做不出来的时候，对吧？但是你一定记住，哪道题做不出来了咱可以借鉴一下同学的思路，真正弄明白了之后，咱自己完成，咱可不能抄别人的作业。如果搞不明白，咱宁可放弃，不搞那些欺世盗名的勾当，抄别人的东西对自己毫无用处，没意思。"

我接着和阿杜说："当年我和你妈参加全国电视大学考试的时候，我和你妈是一起报名的，考试的时候就坐前后桌，我最有优势的学科就是历史和地理，你妈最弱的项目也恰恰是历史和地理，当时我们已经相处两年了，关系吭吭的，但是考试的时候我一点都没给你妈看，你妈也丝毫没想着要抄我的。那次考试我拿了一个全县第一名的成绩，而你妈妈却名落孙山了。到现在你妈说起这事还常常和我找后账呢，说我不想着她，我们那时候就是这么严格要求自己。后来你妈倒是自己又坚持了一年，第二年考上了抚顺市技师学院。后来咱们一家从新宾县调到大连市就是凭借着你妈这张文凭进来的。

考试舞弊根本就不是我和你妈这样的人做的事，从上学到现在，各种各样的考试几百场都有了，我就没作弊过一次！我念本科的时候，英语考了五年也无法过关，那我也没想过什么歪招。后来，自学考试委员会规定，超过35岁的人英语考试无法通过的可以选修三门其他课程，代替英语的学分，结果我选了这么三门课，一个是数理统计、一个是线性代数，还有微积分，全是学文科的学生最头疼的学科，我复习了三个月，一下三科全过，这才拿到本科文凭。任何时候都要凭自己的真才实学，骗别人能骗得了一时骗不了永远。"

阿杜很赞同我的观点："我们考试的时候有的是打小抄的，我从来不搞那些小动作，没意思，将来考高中、考大学、参加工作不还得靠自己的真本事吗？谁能天天抄别人的东西？"

孩子的想法和我们的想法完全达成了默契。

为了学习成绩暂时高别人几分，为了完成自己无法完成的作业，为了骗取老师和家长暂时的表扬，而牺牲自己的诚信，而自己又没有真正地掌握真实的本领，真的很不上算。

可以说，一个人的诚信是一个人人格的重要体现，是一个人一生里最重要的财富、资本。任何时候都不应该为了蝇头小利、为了自己暂时的功名利禄、为了暂时的权宜之计而牺牲根本。

看看阿杜怎么说：

满枝硕果源于苹果树放弃了暂时的美丽

昙花是美丽的，然而美丽过后便一无所有。她的美丽只堪被人嘲讽似的概括为一句普及率极高的成语——昙花一现。

炫目的烟花同样是多姿多彩的，但是当她升入半空，达到她光辉顶点的时候，也恰恰是她黯淡无光的开始。

美丽都是暂时的。花无百日红，人无再少年。

当花枝招展的苹果树坚决地放弃那洁白苹果花带来的暂时美丽的时候，我仿佛就领略了苹果对满枝硕果的渴望与追求，我仿佛看到了金色秋天里温暖阳光下一个又一个苹果那鲜红的笑脸。

正是苹果树对短暂美丽的坚决放弃，才造就了她的"满枝硕果"。

有所放弃才能有所收获，所谓有舍才有得正是这个道理。

古往今来，这样的故事不胜枚举。

如果越王勾践不是放弃一时的安逸，恐怕也就没有"苦心人，天不负，卧薪尝胆，三千越甲可吞吴"这样的千古名句了。

如果蔺相如放不下一时的面子，与廉颇针锋相对，那也就没有负荆请罪的典故了。因为"文有蔺相如，武有廉颇"，因为"将相和"，因而其他诸侯国都要对赵国另眼相看。如果蔺相如逞一时之快，那么赵国又怎么能在如虎似狼的强秦面前坚持到最后呢？

相反，因为逞一时之快而身败名裂的"奇人异士"，也不乏其人。

豪情万丈的闯王李自成在千军万马之中冲锋陷阵，赢得了神州大地的半壁江山。出生入死，颠沛流离，含辛茹苦，这些都没有折杀闯王的锐气，然而进入京都之后他却判若两人。因为贪图一时的快乐，因为要享受"天天过年"的惬意，他忘记了自己的雄心壮志，在女人的温柔乡里，在杯觥交错的美味佳肴里，在阿谀奉承的甜言蜜语里……他和他所率领的军队迅速腐化，腐化成与他自己立志要推翻的朝廷不分伯仲的一群乌合之众，最终一败涂地。

斗转星移。三百多年后，清朝末年，已经达到腐败极限的慈禧太后，为了给自己办一个风风光光的六十大寿，为了一时的风光，为了寻找一时的快意，什么马关条约，什么甲午战争，她全然不顾，竟然挪用海军军费在颐和园大兴土木，最终使大清的江山在日本人的铁骑下满目疮痍。

我们每一个平常人都不可能攀登到如此的高位，但是人生在世，各种各样的岔路口，各种各样的选择我们还是不可回避的。要鱼还是要熊掌，要做官还是要做学问，要繁花似锦还是要满枝硕果？

为了成功，为了收获，为了未来，对于那些可有可无，甚至有害无利的"美丽"、点缀、装饰，对于人生之中一时的快意、短暂的欢乐，我们难道不应该像苹果树舍弃树上的白花一样毅然地舍弃它们吗？

2008年3月25日（复读时的作文）

2．和老师打赌

那天在饭桌上阿杜有些不好意思地跟我说："老爸，明天给我买一盒巧克力吧？"

我有点奇怪：又不是情人节，买巧克力干什么，给谁买？嘴上却说："好啊！"

阿杜说："给我们英语老师，我和她打赌，输了。"

我笑了，觉得挺有意思，里面一定有故事："和老师打赌，打什么赌，说来听听。"

"这次小考之前英语老师问我：'能不能考120分'，我说：'能。'老师说：'咱俩打个赌吧，你如果能答120分，我给你买一盒巧克力，如果答不到你给我买一盒巧克力，怎么样，敢不敢赌一把？'我说：'赌就赌。'结果期末考试我答了119分……"

我大笑："阿杜，你上当了，你们老师本身就是裁判，试卷是你们老师自己批，你和裁判比赛，你要不输那就怪了！"

"都有标准答案，再说答卷都发下来了，的确是119分。"

"但是作文有标准答案吗？她只要最后批你的作文就可以了。"

阿杜也笑了："是啊，我怎么就没想到呢？"

我说："老爸和你开玩笑，老师怎么会那么做呢。其实老师也是和你开玩笑，不过，玩笑归玩笑，你输了咱们就必须兑现，得信守承诺，这盒巧克力老爸给你买，肯定不给你丢面子，给你买最好的巧克力。"

其实这的确是老师和学生开的一个玩笑，是老师与学生进行的一种有效的非正式沟通。

如果老师总是板着面孔，教育效果并不一定好，假如老师很正式地和阿杜说："阿杜，这次考试好好考，争取答120分以上！"

也许并不会比打赌的效果更好。

老师和学生打赌，这事本身就充满了趣味性，使紧张枯燥的学习变得轻松有趣起来；学生赢了，老师掏腰包给学生买巧克力，这何尝不是对学生的一种最高奖赏、激励，何尝不是老师送给学生的一种荣耀？如果学生输了，这事无形中也给孩子带来一种压力，压力变成动力，孩子在心里会暗下决心：一定得超过120分，赢回自己的荣誉！对英语学习也是很有作用的。

而且，一般情况下，老师也只可能对自己特别心仪的孩子才会开这种玩笑，我觉得老师这招用得挺好。

当家长的一定要善解风情，既要设身处地地理解孩子，也要理解老师的良苦用心，积极与老师互动，促进老师、学生、家长之间的稳定三角关系、和谐关系。

阿杜和老师打赌的故事并没有就此结束，还有续集。

孩子把我买的一盒高级巧克力送给老师的时候，老师有点吃惊，老师说："阿杜，这下子你把事整大了，这么高级的巧克力，不是你自己买的吧？"

阿杜说："我老爸给买的，我老爸说了，打赌就得守信用，一言既出，驷马难追。不过他还告诉我，下次考试一定要赢回一盒更高级的巧克力！"

老师笑了："好，那我就笑纳了，我等着你，你什么时候英语达到120分以上，我都兑现我的承诺，你守信用，老师也得守信用！"

这事过去半年多了，我都把这事给忘了。有一天阿杜放学之后兴冲冲地从书包里拿出一个精美的礼盒。

阿杜说："老爸，这是我们英语老师给我的。"

"英语老师为什么送给你这么贵重的礼物，什么东西？"

"一支高级钢笔，老师说这是她被评为优秀教师的时候获得的奖励。"

"怎么给你了呢？"

"这次考试我英语得了125分，我和老师不是打过赌吗？"

"老师还记着呢？"

"那当然了，老师说了，当老师的更不能失信于学生，我不要都不行。"

我说："阿杜，你看你的这两任英语老师对你多好，老师这哪里是和你打赌，这分明就是在激励你，希望你更快地进步，把英语学好。老师每月工资几千块，她哪差你这么一盒巧克力？现在又把自己荣誉象征的高级钢笔送给你，你可别辜负老师的期望……"

阿杜小嘴咧着："嘿，我知道。"

……

如果家长不理解老师的用心良苦，把老师的精妙设计贬损一顿，结果会怎么样呢？孩子在老师面前失去了信誉，学会了不讲信用，在学生面前、老师面前都没有了面子，老师的精妙设计也落空了。

花一二百元买一盒巧克力是小事，是再小不过的小事了，但是教孩子学会信守承诺，一诺千金，这是天大的事，尤其将来孩子进入社会，信用就变得更重要，没有信用就没有未来，就不会走得更远。同时，学会和老师默契配合、有效互动，这是我们必须学会的功课。孩子一天有一半的时间是在学校和老师一起度过的，你理解了老师的良苦用心，才能和老师实现有效沟通，家长和老师两股力量才能拧成一股绳，达到事半功倍的效果。

◎ 3．郑板桥是这么说的

孩子上高二那一年夏日的某一天，阿杜所在的大连市第十五中学搬家，那天阿杜回来得很晚，一到家就疲惫地倒在了床上。

我知道学校搬家，问阿杜："累了？"

阿杜说："太累了！今天我们学校搬家，那么多桌子、椅子，还有绘图支架，从学校大门口搬到我们的画室，画室距离校门口老远了，老师就让我们几个男生搬，我们班就十几个男生，还逃跑了一半，就我们几个班干部搬，累死了。"

这样的事情在学校里经常发生，怎么对孩子说呢？有很多家长会告诉孩子："他们走咱也走，咱是去上学的又不是去干活的！"

这样做似乎也没什么不可以，很多家长会做出这样的选择，很多孩子也会做出这样的选择。孩子是少挨累了，但是时间长了对孩子的成长是没有好处的。孩子学会了逃避，不愿意担当，没有责任感。现在的孩子本来就缺乏劳动锻炼，缺乏社会实践活动，缺乏责任感，让孩子多参与学校一些这样的活动对孩子何尝不是一个很好的锻炼呢？是有利于孩子成长的。

每到这个时候，我总是安慰孩子："咱们是班干部，总得比别人多干一些，带点头。别和那些耍小聪明的家伙一样的，他们那叫占小便宜吃大亏。班里就那么几个人，谁好谁赖无论老师还是同学都会看得清清楚楚的。"

其实老师心里非常有数，搬家后的第二天，老师在早会上问："据说昨天搬座椅板凳的时候就剩下七八个人了，谁让你们走的？我相信阿杜肯定没走……"

你看，老师的眼睛是雪亮的。

那天，我进一步和阿杜说："总耍奸的人自以为占到了便宜，其实他们是最傻的，因为有好事的时候一样也轮不到他们，也就是说将来还是那种诚实、守本分的同学机会更多，走得更远。等进入社会之后，这种耍奸的人就更没有市场了，咱千万不要学他们，郑板桥你知道吧，他也是一个大画家大书法家，还是一个好官，他是这么说的，吃亏是福。"

这样的话说得多了，孩子的思维也跟着发生了变化，逐渐就养成了吃苦耐劳的习惯，在班级里干什么事情都能起到带头的作用，任劳任怨。

每年春天的时候，阿杜他们学校都要到郊外去写生，要在外面生活20多天，每个人一个大拉杆箱，外加写生用的画架、纸张、颜色、画笔、水壶、凳子……全班这些东西装到一起就是满满一汽车。每次写生临走的时候我们都去送孩子，回来的时候我们也总去接孩子。接送孩子的时候我就发现，阿杜总是站在车上为同学们装车、卸车，常常累得满头大汗的，等把车上的东西都弄利索了，他才最后一个跳下车来到我们身边。他妈妈心疼地给他擦汗，他总是露出羞赧的笑容："没事。"

他妈妈总是逗他："好孩子，真能干。"

上高中的时候阿杜在班级里是政治课代表，但是外语课的事情、美术课的事情老师也常常安排给他做，这又是怎么回事呢？

这里面也有故事。

阿杜的外语从初中开始一直处于班级的领先水平，他又是一个比较活泼开朗的孩子，所以上课的时候特别喜欢和老师互动，外语课在阿杜的带动下变得活跃起来，所以外语老师不知不觉间什么事情都喜欢交代给阿杜去做。但是孩子毕竟懂事了，想的问题也多了，阿杜怕外语课代表有想法，曾经主动找老师谈过这个问题："老师，我不是不愿意完成你交代给我的任务，因为我怕外语课代表有想法……"

老师说："好，你这孩子年龄不大想法还挺多，我以后会注意。"老师答应得很好，但是她在潜意识里却依然认定了阿杜，过后还是习惯性地把各种事情交代给阿杜。于是阿杜就成为了编外的外语科代表。

和阿杜比较要好的一个女同学是美术课代表，因为阿杜他们学校是美术高中，美术课代表的事情特别多，每天下午要画一下午的画，摆放绘画用的道具、收拾画室的卫生、收大家的绘画作业，事情很多，尤其是大家的作业，很多作业都是八开或者四开的素描纸，六十多个同学就是六十多张纸，一个女生根本拿不动，而且常常要把这些作业从画室拿到老师的办公室，从老师的办公室拿到画室，是一个很累人的体力活。我逗阿杜：

"我看这活应该让劳动委员干。"但是没有，这活不知怎么的也落在了阿杜的身上。因为阿杜常常帮着这个女同学做这些事情，后来美术老师有事情的时候索性就直接交代给阿杜了，于是阿杜又成了编外的美术课代表。

阿杜也和我说起过这个事情，问我应该怎么对待这样的事情，我说："人有闲死的，没有累死的，多干点没什么，咱也没有什么别的企图，老师既然信任咱们，咱们就不能辜负老师的信任。"

就这样，班级里的文体活动、班级里的劳动，以及政治课、外语课、美术课，阿杜都忙得不可开交。这么多年过来了，我们并没觉得影响到阿杜的学习。相反，在做这些事情的过程中，阿杜总要和各种各样的人打交道，总要和各种各样的事情打交道，总会遇到一些意想不到的突发事件，阿杜反而得到了难得的锻炼机会，学会了和各种各样的人打交道的本领，提高了在各种事情面前的应变能力，这种收获是多么难得啊，简直是千金难买！如果遇到事情就躲避，他会有这样的偏得吗？

◎ 4．荔枝的味道

现在的家庭条件都好了，尤其是城市里的孩子，家家住楼房，家家有电话，人人有手机，据调查城市家庭小汽车的普及率已经接近20%的水平，吃的更不用说，要鱼有鱼要肉有肉，四斤重的龙虾偶尔也会在饭店里撮上一顿，孩子就像生活在蜜罐里一样。然而这一切是怎么得到的，为了获得这样的幸福生活，父母付出了怎样的艰险和代价，如何珍惜这些来之不易的幸福生活，有很多孩子并不知道，所以很有必要让孩子知道这一切，让孩子知道父母的艰辛，懂得劳动创造幸福的道理，让孩子珍惜美好的生活。

那是阿杜上五年级的时候，一个三九天的晚上，已经晚上9点多钟了，我们一家三口从他妈妈的公司步行回家，半路上看到一个卖荔枝的。当时航空运输还不像现在这样发达呢，荔枝在大连还是很难遇到的新鲜东西，卖得很贵，既然遇到了就给孩子买一点吧，一问价格要三十五元一斤，我们买了一束。

卖荔枝的阿姨突然问阿杜："孩子，这荔枝什么味道，这么贵？"

阿杜一愣："你是卖荔枝的，怎么还不知道荔枝的味道？"

"傻孩子，这一束荔枝就是六十块钱，我们在冷风里站一晚上还不知道能不能赚上六十块钱呢，我们还敢吃它？"

……

我们把荔枝装好之后就继续往家走，这时阿杜又问我："爸，天这么冷，她怎么还不回家？"

我说："阿杜，因为你老爸、你老妈的努力和奋斗，咱们家的条件得到了改善，你也享受到了很好的生活，要什么有什么。你知道吗？有很多家庭他们不但没有房子，而且每天的一日三餐都吃不上呢，就拿这个卖荔枝的阿姨来说吧，这么寒冷的冬天她难道不知道家里温暖吗？她当然知道，但是她如果晚上不出来赚一点钱，可能明天她孩子就没有钱交学费，她们明天的饭钱就可能没有着落，为什么她一个卖荔枝的竟然不知道荔枝的滋味呢？因为她舍不得吃，她要把荔枝换成钱，好买生活必需的油盐酱醋……"

没想到，那天晚上我说给阿杜的那些话他还真听到了心里，后来还专门写了一篇日记，我看写得很有真情实感，就给那篇日记起了个名字——《荔枝的味道》，邮到了我们那里的《大连开发区报》，文章竟然发表了，那是阿杜的处女作，我把它录在下面：

荔枝的味道

夜晚，华灯初放，微风徐徐，我与爸爸、妈妈在回家的路上又看到了那几个卖水果的人。他们不管夏天多么炎热，冬天多么寒冷，总是在这里风雨不误地叫卖着。今天是一个冷得出奇的日子，刚刚出来只有几分钟，我就感觉脊背上透骨的寒气了。但是卖水果的人们站在那里却纹丝不动。

记得上次妈妈就是在这里买的荔枝，非常好吃，我就让妈妈又给我买了一束。

在给我们找钱的时候，卖水果的阿姨突然问我："你们吃了这么多次荔枝了，能不能告诉我这东西是个什么味道？"

我感觉非常奇怪，就不解地问："阿姨，你们是卖水果的，怎么会不知道它是什么味道呢？"

那人说："这东西这么贵，一束就好几十块，我们站一晚上也赚不上这么一束啊！"

我拎着荔枝与爸爸妈妈回到家中。爸爸、妈妈和我美美地吃着这鲜嫩的荔枝。荔枝含在口中，甜甜的，而且果汁又浓，既解渴，又解馋，真是令人回味无穷……

吃着吃着，我又想起了卖水果阿姨的问话。她们是卖水果的，自己却不知道荔枝是什么味道，看来赚钱真是不易呀！

我每天什么钱也不赚，却不时地享用这美味的荔枝，这样想着，不知不觉的，嘴里的荔枝就仿佛变了味道……

对孩子的教育其实是一件很有学问的事情。很多时候，要学会见缝插针，就事论事，给孩子以最真实的体验和感受，这样就会在孩子的脑海里留下深刻的印象，起到事半功倍的效果。

有一次，学校的劳动技能课给孩子留了这么一个作业，让孩子回家和父母学会一样家用电器的使用。我觉得这是一个很好的作业，也是一个很好的机会，于是我琢磨来琢磨去，决定让孩子学习吸尘器的使用，通过吸尘器的使用也让孩子了解一点家务劳动的常识，也让孩子对家务劳动有一个真切的体验。

孩子把吸尘器拿到了我的眼前，想让我教他怎么使用，我却把吸尘器的使用说明书递到了孩子的手中："你自己看说明书，不懂的地方再问我，你得学会看各种说明书。"

"好吧。"

那天，阿杜看得很认真，弄懂了吸尘器的使用方法之后，我让他把整个房间打扫了一遍，他忙得满头大汗，干得很认真。后来，他把这次学习和劳动的过程也写到了自己的日记里，加深了他对家务劳动的认识。

通过日常这种感同身受的体验式教育，孩子懂得了很多道理，从小就养成了热爱劳动，珍惜别人劳动的良好习惯，我们家的条件还是不错的，但是孩子懂得节俭，从来不乱花一分钱，穿衣服也从来不挑三拣四，给什么就穿什么。从小学到高中，他没买过一双名牌旅游鞋、名牌服装，最贵的旅游鞋也就是二百多元钱一双的那种。有一次他妈妈为孩子选中了一双四百多元钱的旅游鞋，问阿杜喜欢不喜欢，阿杜一看价格，说："算了吧，太贵了，回家我爸又不高兴。"前年，阿杜的表哥把一件穿了几年的破皮夹克送给了阿杜，有的地方已经磨损的不像样子了，阿杜一点没嫌弃就穿到了自己的身上。

阿杜考上大学的那年夏天，我们夫妻俩给阿杜买了一双七百多块钱的旅游鞋，我夫人说："第一次给他买名牌鞋，七百多块啊，得告诉告诉孩子，让他珍惜点。"

我说："你不要告诉他，你就告诉他二百多块钱，别让孩子学着买名牌、穿名牌，将来上了大学花钱的地方多着呢，你给他的消费水平提起来了，将来你想控制都控制不住。"

后来，我们真的没告诉阿杜给他买的是名牌。直到有一天从同学口中知道了这个秘密，他才回来问我们，我轻描淡写地告诉孩子："那天减价，所以就给你买了一双，还是名牌呢？真没想到。"

我有一个朋友，他就不是这样，他给孩子买了什么名牌不但要告诉孩子，还要在朋友圈里大肆张扬一圈。本来那东西要价1800元，后来讲价讲到900元，我那朋友告诉孩子的时候不告诉她是900元钱买的，却告诉孩子是花1800元钱买的，就这样时间长了，孩子养成了名牌崇拜的嗜好，服装鞋帽、手机电脑非名牌不可。孩子就一样不追求名牌，什么？学校。从小学到大学，没上过一个名牌。

2010年暑假的时候，阿杜和一个同学到学校去看望老师。那个同学是中国美术学院的，两个同学都这么优秀，老师看着他们心情特别好，那天他们在老师的办公室里聊了很久。突然阿杜的手机响了起来，阿杜说："不好意思。"说着掏出自己的手机和对方聊了几句。随手把自己的手机放在了桌子上。对面的老师突然对阿杜的手机产生了兴趣："这还是你上高中时那个手机？"

阿杜很随意地答应着："对，上高中那年买的，有六七年了。"

老师说："考上清华大学了你爸也没给你换个手机？"

阿杜说："能用就凑合着用呗，也就打个电话。"

老师把手机举起来冲着办公室里的其他老师说："看见没？这就是我们班的阿杜，从我认识阿杜他爸那天起他爸就开宝马，阿杜却一个手机能用六年……"

那天回家之后，阿杜和我说起了这件事，我说："要不明天让你妈领你也选一个新手机吧？"

阿杜说："算了吧，临回来的时候我还真想假期让你们给我换个手机来着，让老师这么一说，我还真不想换了，什么时候不能用了再说吧。"

听了孩子的话，我心里还真为孩子感到骄傲，我感觉孩子真的成熟了。常言说：上有所好，下必甚焉。这话在家庭教育中我们真应该引以为戒。

5．一件很小很小的善事

有一天中午，天空忽然下起了滂沱大雨，我急忙跑回家，拿了雨伞就往阿杜的学校跑。来到阿杜学校，见阿杜和一个同学站在门口正等我呢。他向我一挥手说："老爸，李襄今天穿得太少了，我让他上咱家穿一件衣服，中午就在咱们家吃饭吧？"

我说："好啊，那走吧。"

……

那天晚上我对阿杜关心同学的行动进行了表扬和鼓励，因为过去我们没发现阿杜还有关心同学的优点。

现在的家庭基本上都是一家一个孩子，父母呵护，爷爷奶奶娇惯，姥爷姥姥疼爱，很多孩子只知道享受他人的关爱，却不懂得关心别人、帮助别人。市场经济是一种社会化的大生产，社会分工细化，但是彼此的合作密切，不懂得相互帮助、相互合作，没有团队精神、集体观念，将来很难成大事、成大器。所以，从小让孩子的心灵充满爱心，让孩子学会关心和帮助别人，具有团队意识，这是非常重要的环节。

记得阿杜四年级暑假期间，他们少先队小队要组织一次小队活动，阿杜征求我们的意见，让我帮忙想一想点子，搞什么活动比较好？当时是1989年八九月间，整个南方发生了百年一遇的洪水灾害，我忽然想到了一个好主

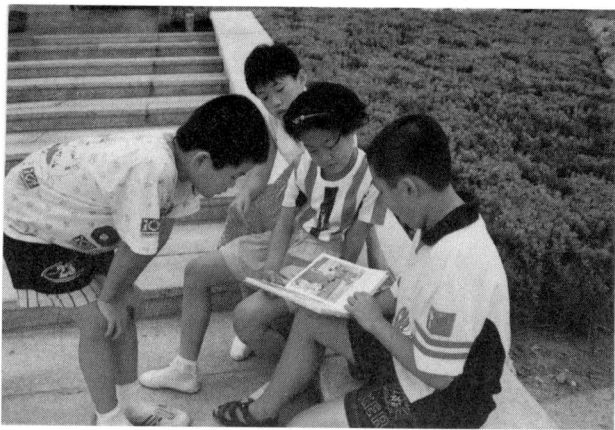

▲阿杜和同学在一起看画报

意，我说："你们组织一次为南方水灾地区捐款的活动怎么样？你看，现在你们每天看书、学习，还搞小队活动，南方有很多和你们一样大的小学生现在都没有地方吃没有地方睡觉，你们捐点零花钱，也算表达一下对灾区小朋友的关心吧，怎么样？"

阿杜很赞赏我的主意，和其他小朋友一商量，大家也非常赞同。我说："你们最好都用自己节省下来的零花钱，现在兜里有多少就自己掂量着办，不要和父母要钱，这才更能表达你们的爱心。"于是他们五个人把自己口袋里的钱都找了出来，一共凑了一百二十一元两角。

阿杜把钱交到了我的手上："爸我们也不会汇款，你帮我们把钱汇出去吧。"

我说："这不行，表达你们的爱心你们就要把好事做到底，要自己完成这一切，不会汇款无所谓，我可以帮你们，但是你们不能把事情都交给我办，表达自己的爱心常常就是在这些细节上，知道吗？"

于是我领着五个孩子一起来到我们家附近的一个邮政所，每个孩子填写了一张汇款单，我教他们一笔一画地把汇款单填好，留下了自己班级的地址。十几天之后，阿杜回到家的时候递给我一张明信片，原来是接受捐款的慈善机构邮来的，他们几个同学每人收到一张，阿杜那一张是这么写的：

阿杜同学：

　　您在'98年抗洪赈灾中捐款21.50元，中华慈善总会代表灾区人民向您表示感谢。

中华慈善总会

一九九八年十月

后来学校也知道了这件事情，对阿杜这个小队进行了表扬。

这的确是一件很小很小的善事，每一个学生不过就捐出了十几二十几元手中的零花钱，但是这个活动却比学生向家长要一百元钱交给学校更有意义，因为这个活动的整个过程都是他们的自觉行动，是他们自己完成的，在活动中他们充分体验到了帮助别人的快乐，也得到了学

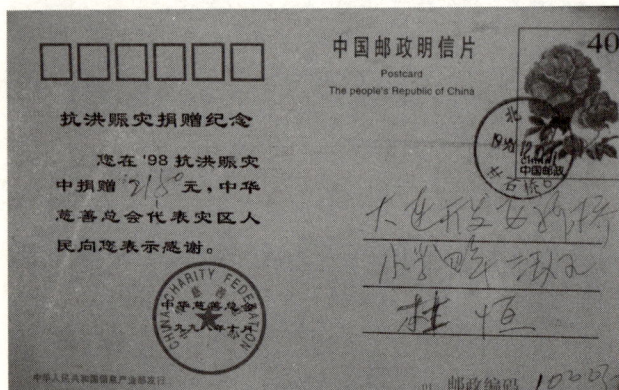

▲慈善总会给阿杜寄来的明信片

校、同学、家长的表扬和认可。学校、社会、单位组织的慈善捐款活动，一个人在他的一生中可能参加过无数次，但是那些活动很少能在他们自己记忆的深处留下痕迹，而这次活动却可能在他们自己的大脑里铭刻下永久的烙印。

在日常生活中，我们要利用一切机会给予孩子类似的指导和教育，不要什么事情都由父母代劳，要让孩子自己去体验帮助别人的快乐，体验送人玫瑰手有余香的感觉，让孩子把帮助别人当成一种习惯，让孩子的心灵永远充满爱，对同学的爱、对朋友的爱、对父母的爱、对社会的爱、对人类的爱……

2008年5月12日，四川汶川发生了8.0级大地震，举世震惊。每天在电视和报纸上看到社会各界组织各种形式的捐款活动，我和夫人也说："咱

们也该捐点款吧。"夫人说："是啊，咱们社区怎么没有组织捐款活动呢？"

后来我到社区一问，人家的捐款活动已经结束了，是星期天组织的，那天我们到公司去了。后来我和妻子主动拿着现金到大连开发区慈善总会捐款。

阿杜放学之后我把捐款证书给阿杜看："阿杜，今天我和你妈到开发区慈善总会去捐款了，我们三个人每人捐款一千元，你看这是证书，上面还有你的名字呢。"

阿杜把证书拿在手中很认真地看着，说："是哪里组织的活动，咱们没少捐啊？"

我说："没人组织，就像你们那次给南方灾区捐款一样，我们是自愿去的，为了找这个接受捐款的地址我打了半天电话呢，国家发生了这么大的灾难，谁都有这份责任，你看这些天电视上那些明星，一捐就是几十万、上百万的，我们跟人家比可差远了，但是无论钱多钱少它也代表了我们一家三口的心愿，你说呢？"

阿杜点点头表示赞同："是啊，我们学校明天也让捐款呢，我还用捐吗？"

我说："那你也得捐，咱不能因为家里已经捐了三千元你就不捐了，我觉得有时候捐款并不是一种个人行为，你还要考虑到你的行为对他人的影响。比如电视上报道那些明星、领导的捐款活动，也不能完全把那当成一种作秀，报纸、电视上宣传他们，那是在利用名人的影响力在彰显一种美德，让人们去效仿，这样才能调动全社会的爱心。你是

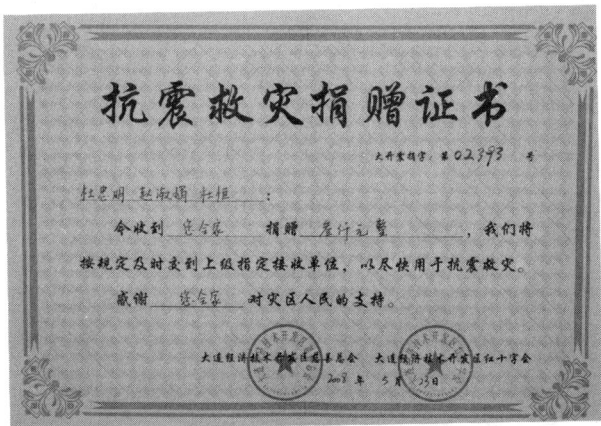

▲慈善总会红十字会给我们的捐赠证书

班干部你应该带头捐款，我们以你的名义捐的这一千元不算啥，咱也没必要跟同学去卖弄，你说呢？"

阿杜说："很对，看来老爸对各种事情的认识就是比我高，比较有水平。那我捐多少？"

"捐两百元吧，怎么样？"

"行。"

……

后来，我把我们那个捐款三千元的证书端端正正地挂在了我书房的墙上。我没有向别人炫耀的意思，三千元钱也不值得炫耀，我是想让儿子常常能看到它，让孩子的心灵常常受到良性的刺激和提醒，要拥有爱心，要学会关心和帮助别人。

看看阿杜怎么说：

小为大美

"回眸一笑百媚生"的杨玉环绝对称得上是一位空前绝后的美人，美得倾国倾城。但是，倾国倾城又怎么样呢？倾国倾城也绝非大美，否则，晚唐又岂会搞得乌烟瘴气？

大美，在于一个人的素质、修养、内涵，而非容貌姣好，身姿绰约。

先主刘备临终前对儿子告诫道："勿以善小而不为，勿以恶小而为之。"诚然，一个人的素质如何，往往就在于一些不经意间的举止，一些我们不经常注意的细节。

应聘时见到地面上有一团不起眼的废纸，有的人会对它视而不见，有的人却弯腰将纸团拾起。就连福特将它拣起后也是顺手将它扔进纸篓里，并没有把它当成一件事，因为这太不足挂齿了。但是，公司董事长竟然因为这样一件小事录用了福特。难道董事长疯了吗？非也，恰恰相反，正是董事长的这一决定使福特汽车名扬天下，使美国汽车产业一度在世界独占鳌头。

董事长看中福特的不是其他，正是福特那一小小举动中蕴含的大美。

很多与我同龄的朋友们在阅读文章的时候，往往大口鲸吞，少有逐字逐句去仔细品味的，等到自己秉笔为文时，更是如文不加点的大文豪一样，哪里会去计较一个字句的妙用？其实，往往一个标点、一个词语当中就蕴含着作者深厚的文化底蕴，反映出作者高超的技艺，展现出他在文学创作上的大美。诗人贾岛就是这样一位文字大师，是"僧敲月下门"还是"僧推月下门"？诗人在更深月夜的山门前竟然"推敲"了半夜，我们现在使用的"推敲"这个词正是从贾岛这个故事演化而来的，而贾岛的诗也因此传遍天下，被后人称道。

说到此，我忽然想起曾经读到的一篇短文，文章说：1994年，日本广岛举办亚运会，每当一场比赛结束的时候，体育馆里竟然连一张小纸条都没有……如今我们的奥运会也日益临近了，面对全世界注视的目光，我们当中的每一个人是不是也应该学一学福特，学一学贾岛，学一学日本民族呢？从重视那些不起眼的细节做起，通过这些不起眼的细节树立我们的大美。

忽然想起佛语里的一句话："须弥藏芥子，芥子纳须弥。"须弥山远离俗世，巍峨秀丽，却可以容纳于一颗小小的芥子之中，岂不妙哉？

不要小看一颗不起眼的芥子，这不正说明了小为大美的深刻道理？

2008年5月22日（大连市高三第二次模拟考试考场作文）

6．不同版本的孔融让梨

孔融让梨的故事都让人们说烂了，大家一定耳熟能详：

孔融只有4岁，他知道让梨。上让哥哥，下让弟弟。大家都很称赞他。

可是我却在网上看到了另一个版本的"孔融让梨"：

睡前，我给儿子讲了孔融让梨的故事，最后总结："你看，小孔融多有礼貌啊！"儿子点点头。

我问他："有两个梨，一个大的，一个小的，你和哥哥，如果让你分

梨，你要哪个？"儿子说："我要大的。"我听了，有些失望，问他："为什么呢？"儿子说："我要和哥哥分享。"

我又问他："有两个梨，一个大的，一个小的，你和弟弟，如果让你分梨，你要哪个？"儿子说："我要小的。"我听了，心里很高兴，我问他："为什么呢？"儿子说："大的不好吃，小的好吃。"

平时我经常给儿子熬梨汁，用的是大鸭梨，他不大喜欢吃，嫌有渣渣。爱吃的是小香梨、小苹果梨。

儿子的两个回答让我很意外。我真切地感受到，他长大了，有自己的想法了。

虽然大家对《孔融让梨》这个故事的理解各不相同，个人有个人的看法，但是我还是喜欢孔融。孔融这种上让大、下让小的良好风格还是非常值得赞美的，也是应该让孩子学习的。

有人说，现在是商品经济社会，应该培养孩子的竞争意识，一家就一个孩子，大家都娇惯着他，本来就缺乏竞争能力和竞争意识，你再总让孩子学着谦让别人、礼让别人，这样的孩子将来怎么面对激烈竞争的市场经济？

这话听起来似乎有一定道理，其实毫无道理。

美国、日本是竞争最激烈的资本主义国家了吧，这两个国家我都去过，在那里大家上公交车都互相礼让，两个人在狭窄的走廊里擦肩而过，无论是否彼此认识都面带笑容、行注目礼、互相礼让，上电梯的时候先进去的人都会主动地等待远方奔跑而来的乘客……为什么不从每一个细节培养大家的竞争意识呢？

谦让与竞争是一对矛盾，但是矛盾都是依对方的存在而存在的，不同的场合、不同的地点、不同的事情，人们要通过自己的思维和判断选择谦让还是竞争。我们不能总是拿市场经济说事，不能因为市场经济我们就处处、时时总让孩子与人争短论长。

阿杜在两三岁的时候其实是很霸道的，别人的东西如果自己喜欢他上去就抢。是，孩子还很小，还不懂得礼让的道理，抢也应该是一种生物本能。但是这种本能如果你不进行正确的引导，任其发展下去能行吗？久而久之本能就成了习惯，习惯就成了性格，性格就会导致理所当然的行动，这就积习难改了。

记得有一次过年，我们抱着孩子回姥姥家，姥姥给孩子们烤大虾。阿杜和他姨家的小姐姐等得着急了，于是姥姥就给他们一人一个大虾让他们先吃为快。阿杜三口两口就把自己的大虾吃完了，他的小姐姐嫌热，还在那里等着呢。阿杜哪管三七二十一，上去就把小姐姐的大虾抢到了自己手里，塞进了自己的嘴里……

我们邻居的一个孩子和阿杜同岁，比阿杜小几个月，两个人在一起玩的时候，阿杜见他拿了什么好吃的东西上去就抢。再后来，这孩子见了阿杜就害怕，无论吃着什么，只要看到阿杜一下子就把手里的东西全部塞到嘴里，怕阿杜抢。

我一看这样任其发展下去还了得，这可不是一件小事。于是我们开始刻意纠正孩子的这种行为。发现阿杜抢别人的东西我们无论如何也要把东西从阿杜手里抢回来，还给对方，同时还要给阿杜讲明道理，采取必要的惩罚措施，如果阿杜做的好了，就奖励。差不多用了两年多的时间才把阿杜这个"恶劣"的毛病纠正过来。

也就从那个时候开始，我们不再给阿杜开任何小灶，有什么东西都大家一起吃，就是为了克服孩子吃独食、娇纵、霸道的毛病，让孩子学会与大家分享。那个时候我们家的条件还是比较困难的，一个月的收入也就是三百多元钱，买肉从来都是买半斤，买一斤的时候都少。然而就是在那个时候，我们也从来都不给孩子吃小灶，不惯孩子那毛病，有好东西大家一起吃。有时候削了一个苹果，我们也要象征性地咬上一口半口的，不能养成孩子独享一切的习惯。

经过我们的种种努力，孩子抢别人东西的毛病总算纠正过来了，那以后，如果家里来了一般大小的孩子，阿杜特别高兴，不但不抢别人的东西，还把自己的东西拿出来和小朋友一起玩，恨不能把自己所有的玩具都拿出来和小朋友一起分享。他特别愿意买漫画书，别的同学想要借回家看他也从不吝啬，所以现在他的那些漫画书有很多都不齐全，不是少个第一

册，就是少个第八册，都是同学给弄丢的。所以倒是我常常提醒他往回要那些借出去的漫画。

经过我们的努力，阿杜已经变得非常大度了。

集腋成裘，集沙聚塔，任何优点、缺点都是日积月累养成的，所以发现孩子有什么你觉得不妥的行为、言词，千万不要姑息、放任，习惯一旦养成就积重难返了，等你自己都觉得无法忍受的时候，你想想别人怎么会忍受呢，但是那时候你想改变他的时候，已经晚了。

7. 热心肠的老奶奶

阿杜上三年级的时候，曾经写了这么一篇作文——《热心肠的老奶奶》，作文是这么写的：

热心肠的老奶奶

在我们的楼上，住着一个热心肠的老奶奶，她虽然已经七十多岁了，但是却总是热心地跑上跑下，帮助着她周围的人们。

在我上三年级的时候，由于上学放学的时间和父母不同步，放学的时候家里没人，爸爸妈妈又不放心把钥匙交给我，于是就将钥匙寄放在这个老奶奶的家中，每天我放学的时候，她就从另一个楼口的五楼下来，然后再进我们的单元，登上四楼，帮我把门打开。对一个年轻人来说，这可能没什么，但是对一个已经七十多岁的老奶奶来说，这的确是一件很不容易的事情。

有一天，放学之后我并没有立刻回家，而是和同学们在操场里踢了一场足球，一直到5点多钟才回去。当我走到楼口的时候，只见老奶奶站在门口正等我呢！我一问才知道，老奶奶在这里已经等了一个多小时了，她按照我平时回来的时间下楼来的。老奶奶关切地问我："阿杜，今天怎么这么晚才回来？再不回来我该去找你了，奶奶还以为你出了什么事呢！"她说话的语调平和、自然，就像我的亲奶奶一样。

还有一次，我和老奶奶一起下楼，我看老奶奶一边走还要一边扶着楼梯的扶手，就接过了奶奶手中的钥匙，一边走一边将钥匙在手中扔来扔去，奶奶怎么劝我也不听。刚一出楼梯口，钥匙就掉进了门口的一个缝隙里。我怎么够也没有够出来。老奶奶这会顾不上说我了，她费劲地从远处找到了一个棍子，吃力地蹲下来和我一起往出够钥匙，钥匙终于被我们够出来了，老奶奶却累得直喘粗气。我想，这回奶奶该批评我了！可是老奶奶就像什么事情也没有发生一样，拉着我的胳膊说："走吧阿杜，快上去洗洗手！"

虽然这都是一些鸡毛蒜皮的小事，但是就是在这些芝麻小事中才能看到一个人的品格。任何大事其实都是由无数小事所组成的。奶奶为我做的这些小事就这样不知不觉地印在了我幼小的心灵里，对我的性格、行为、思想产生了很大的影响。

现在，这位热心的老奶奶已经搬到了很远的地方，我们也已经失去了和她的联系，但是我无论走到哪里，都会想着她。

孩子写这篇作文的时候只有12岁，但是他已经懂得感恩了。

中国有句古话，受人点滴之恩，定当涌泉相报。可以说，这句话是对中国感恩文化的最好诠释。

一个人从社会得到的大于他所回馈给社会的，可以说他对社会是没有贡献的，如果生活中的每一个人都如此，社会就不能进步。

一个人只知道从父母那里索取，而不懂得反哺，一辈传一辈，上行下效，那么他的晚辈也不会孝敬他的长辈，这样的家庭最后一定走向衰败。

一个人只想着占朋友的便宜，而不知道帮助和回报朋友，这样的人最后就失去了所有的朋友，成为孤家寡人。

……

让孩子学会感恩，最重要的是言传身教。

孩子小的时候，我们常常请朋友到家中聚会，孩子总会问我们："为什么我们要请他们上咱家吃饭？"

这时候我们就利用这个机会向孩子灌输我们的一些想法："因为我们的朋友请过我们呀，我们得答谢朋友啊，知道吗？朋友之间需要常常来往

的，你也请我，我也请你，这样大家的感情就加深了……"

我们到大连之后经常回老家看父母，开始几年孩子还小，我们回老家之前到市场买东西的时候孩子也会问："回老家为什么要买这么多的东西？"

"因为你有爸爸妈妈，爸爸和妈妈也有我们的爸爸妈妈啊，你的爷爷奶奶就是爸爸的爸爸妈妈，你的姥爷姥姥就是妈妈的爸爸和妈妈，我们像你这么大的时候，他们就像我们对你一样，所以我们得报答他们啊！等你长大了给不给爸爸妈妈买东西？"

"给，给你们买那么多，装满一汽车，让你们吃不了。"

……

孩子上大二那年的暑假，我们一家三口到外面散步，阿杜遇到了小学的一个同学，这个同学告诉阿杜："教咱们美术的赵老师病了，你不知道吧？"

阿杜走在路上就和我们商量："明天我想买一些水果去看看赵老师？"

▲杜恒和老师同学在一起

孩子能有这样的感恩之心我们很高兴，我们鼓励阿杜："去吧，应该去，多买一些水果，把你在学校画的一些东西也给老师看一看，汇报一下你的学习情况。"其实这个老师是阿杜业余绘画班的老师，阿杜跟他学了四年画，和他的感情很深，每次放假回来他都去看望老师。

阿杜拿到清华大学录取通知书的时候，很多人都让我们请客，阿杜说："请客的时候我想把小学的老师还有初中的老师都请来，把赵老师也请来。"

我说："对呀，他们每一个人都是你的恩人，你的成长与他们每一个人的栽培都是分不开的，你把那个教地理的宋老师也请来，虽然只教了你八个上午，但是你不能忘了她……"

生活是琐碎的，说教是枯燥的，婆婆妈妈是让孩子闹心的。而父母的言传身教却像感知时节的春雨，是润物细无声的，对孩子的影响力是最真实的。

白金法则是这样说的：在人际交往中要取得成功，就一定要做到：交往对象需要什么，我们就要在合法的条件下满足对方什么。

我对其适当地改动一下，姑且把它称作教育子女的白金法则吧：

在子女教育中要取得成功，就一定要做到：希望被教育对象怎样，我们就要在合法的条件下自己先做出榜样。

◎ 8．不怕别人的"恐吓"

阿杜上四年级的时候发生过这么一件有趣的事：阿杜放学的时候看见几个小朋友在草地上玩耍，爱管闲事的阿杜就走过去跟几个小朋友理论："你们怎么在草地上玩呢？你们老在上边玩将来这草地就秃了，快下来。"

几个小朋友没睬这个爱管闲事的家伙，于是阿杜又说："我今天可是值周，我知道你们是哪个班级的，你们再不下来我可给你们记下来了。"

阿杜这一招还真管用，几个小朋友很不情愿地从草地上下来了，一边走一边冲阿杜翻白眼。

正好这件事情被阿杜的大姨看见了。他大姨当场就责怪阿杜："阿杜，你怎么那么爱管闲事，他们踩草坪就踩草坪呗，和你有什么关系，你管他们干什么，他们几个要是打你一顿怎么办？"

当天晚上，阿杜的大姨还专门就这件事到我们家来了一趟，跟我们说了这事，还嘱咐我们："告诉阿杜，以后可别再管闲事。"

阿杜大姨走了之后，我想了好久，怎么和阿杜说这件事呢？

我认为，社会主流思想提倡的东西、肯定的东西，家长在孩子面前也应该提倡、肯定。家长的意见、思想不应该公然地与社会的主流思想、道德准则、法律制度相矛盾、相违背。不能对别人的孩子一个标准而对自己的孩子又一个标准，不能执行双重标准。孩子在学校听老师说的、在电视里看到的、在书本里面看到的是一个样子，而父母向孩子灌输的又是一个样子，家长对自己适用一个标准，而对孩子又适用另外一个标准，这很容易引起孩子思想的混乱、矛盾，让孩子无所适从。孩子会想：是社会错了、老师错了、书本错了，还是家长错了？如果孩子已经具备了一定判断是非的能力，父母常常这样和社会、老师唱反调，父母在孩子面前一个样子，在孩子背后又是另外一个样子，父母在孩子心目中的形象就会大打折扣。

那天晚上我就孩子大姨说的这件事思考了很久，也纠结了很久。最后我问阿杜："阿杜，你大姨说的那件事是真的吗？"

阿杜理所当然地说："是啊，怎么的？"

我说："没怎么的，爸爸就是问问，你做得很对，是个勇敢的孩子。"

"本来嘛，我大姨还说我多管闲事。"

我说："你大姨也是好意，她是怕他们几个打你。但是我今天想告诉你的是，面对这样的事情，你也应该事先有一个思想准备，你觉得你管得了他们的时候你管，如果你管不了他们的时候，咱们可以选择其他更好的办法，比如今天如果你看到践踏草坪的人是几个大小伙子，那你就管不了他们，这时你如果硬要把他们从草坪上撵下来，他们很可能胖揍你一顿。那你该怎么办呢？"

孩子面对我的诘问竟然无言以对，他"嗯嗯"了一阵，没想出什么对策。

我说："你可以把这件事情告诉你的老师，让老师去管他们，你说老爸说的对吗？"

"对。"

"对，什么事情都要根据当时的情况进行分析。你知道小英雄赖宁的故事吧，他因为救火牺牲了，还被评为全国优秀少先队员，牺牲时他才14岁，比你现在大两岁。作为爸爸，我认为你们应该向赖宁学习，学习他纯洁、勇敢、无畏的精神，但是在这种危险面前，爸爸却不希望你这种年龄的孩子像他那样去做。因为那不是一个12岁的少年儿童应该承担的责任，如果你是一个成年人或者是一个专业人士的话，爸爸会鼓励你、支持你去的。现在我更希望你和像你一样大小的孩子们在安全的环境中快乐地学习、健康地成长，将来为社会做更多的事情。如果你遇到赖宁那样的事情，我希望你尽早离开，不要给救火的人添麻烦，你最好的选择是把那里发生的事情告知更多的成年人、专业人士。任何人都一样，要做和他们的身份、年龄相当的事情。像今天这件事你的做法是对的，但如果你面对的是地痞、流氓，却还像今天那样去做你就错了，懂吗？"

阿杜点头："我明白了。"

阿杜上小学的时候，遇到了一件很让人忍俊不禁的趣事，后来阿杜把这件事写到了自己的日记里，我认为阿杜做得很好，做得很对，阿杜的日记一般都有一个标题，那天的标题是《恐吓》：

恐　吓

今天我帮助六年一班办板报，板报办完之后到洗手间去洗手。这时候，我看见旁边有个学弟在那里玩水，他的那个水龙头似乎没有拧紧，水还在不停地流淌，我就顺手帮他将水龙头拧了一下。令我不可理解的是，旁边的这名学弟不仅没有一点愧疚或者感谢的意思，还顺着我拧水龙头的那只手向上移动他愤怒的眼睛狠狠地瞪我。我莫名其妙，正要发问，他却率先开口了："你知道我妈是谁吗？"

我反问："为什么要知道你妈是谁？"

他理直气壮地说："我妈是咱们学校的老师！"

我只是帮他拧紧了滴水的水龙头，我不明白他为什么要用他妈来恐吓我，我感到既有趣又好奇，就问道："你妈是老师又怎么样，那你就可以随便浪费学校的水吗？"没等他回答，我径直走出了洗手间。

被这种人不明不白地"恐吓"，令我哭笑不得。

现在，缺水是我们整个地球的问题，更是我们大连的紧要问题，这是妇孺皆知的事情，如果不节约用水，我们的生活就是个问题，不管他的妈妈是谁，他的爸爸是哪位，都应该遵守公共道德，节约用水！

如果我们浪费水资源，地球上到了水贵如油的境地，到那个时候可不管他的妈妈是谁，他的爸爸是哪位，都可能饥渴而死！

2000年9月6日（小学六年级日记）

那个时候还没发生李刚事件、药家鑫事件，但是这孩子的口气倒是和李刚的孩子如出一辙。我想，社会里有这么多喜欢拿自己的爸爸妈妈说事的孩子，这么多拿自己的爸爸妈妈吓唬别人的孩子，的确有点不正常，也许这是李刚的可悲、药家鑫的可悲，但是也是社会的可悲。

作为一个孩子，任何时候他都能坚守自己内心的一份公正、正义、纯洁，这是多么难能可贵的啊，面对自己这么可爱的孩子，你能说他是多管闲事吗？

·第六章·

用放大镜看孩子的优点，用望远镜看孩子的不足

网络上有这样一段话：沟通是一种尊重，一种认同。学会用放大镜看孩子的优点，用望远镜看孩子的不足。这样，我们才能真正发自内心地认同孩子，他们才能体会到我们的确是在尊重他、关爱他，才有可能实现沟通的根本目的。

1. 阿杜的黑星也是全班第一

阿杜是一个比较特殊、比较有趣的孩子，虽然他走进了清华大学这样的学校，但我个人认为，他也基本上可以算是一个全面发展的学生，但是从小学到高中毕业，他没当过一次三好学生。为什么呢？因为阿杜的小毛病比较多，是个性比较突出、比较调皮的孩子。

当然，没有十全十美的孩子，太完美的那种乖乖宝，说实在的我还真不喜欢，那样的孩子在社会、学校、家庭的多重压力之下，被塑造成孩子们的"完美榜样"，其实他们的人性受到了极大的压制，虚假的成分太多，而且缺少快乐，我不希望自己的孩子是那个样子的。

虽然孩子从小学到中学没有受到过什么奖励，但是，我作为阿杜的家

长，却在阿杜的小学阶段和初中阶段获得过两次学校的表彰。小学阶段，我被阿杜所在的新桥小学评为"优秀辅导员"，初中毕业的时候，我又被阿杜所在的第七中学评为"优秀家长"，阿杜高中的时候人家学校没评，要评的话，我百分之百还能拿回一个奖杯。

为什么我能获得学校的认可呢？

因为我和学校、老师的沟通比较多，和学校配合得比较好。

小学的时候，我们家就在学校门口，我有时间的时候总要找机会和孩子的班主任了解一下孩子的情况。及时发现问题，及时修正孩子的错误。

上小学的时候，有这么几件事挺典型的：

阿杜上学已经有一段时间了，我们却一直没发现阿杜回家写过作业，每次问孩子他都无所谓地说："写完了。"开始几次我们相信了，但是时间长了我们就有些纳闷了，怎么写这么快呢，不是这孩子偷懒吧？于是我决定和老师见一面，了解一下孩子的情况。

老师听了我的疑惑之后笑了："阿杜学习特别好，理解力特别强，而且注意力非常集中，在别的孩子打闹的时候，阿杜都能控制住自己，丝毫不影响他写作业，所以全部作业在学校的时候他就完成了，你们当然看不到阿杜回家写作业了。"

听了老师的话我们的心总算放下了。

还有一次，我回家办点事，路过阿杜学校，我看见阿杜一个人在学校的操场里玩，我走过去问阿杜："阿杜，怎么就你一个人在外边玩呢？"

阿杜说："老师看我的作业都写完了，怕我在教室里影响别人，就让我出来了。"

听了孩子的话，我还真觉得有点不靠谱，等放学的时候我就和阿杜的班主任见了一面，老师说的和阿杜说的还算基本一致，但是老师说得更客观、更全面："阿杜写作业快，他写完之后没事了就经常影响别人写作业，和这个说话，给那个写张纸条，捅咕这个一下，对课堂纪律有不好的影响，所以我给阿杜一个特殊的待遇，允许他写完作业之后到外边游戏，但是不准出校门。"

你看，从孩子嘴里听到的都是"所以"，你听了老师的话，才知道

"所以然"。

　　阿杜小学的时候，班级里实施学生考评制度，学生考试取得了好的成绩、做了什么好事就给加一颗红星，相反，考试没考好、做了什么不好的事就给一颗黑星。然后还把这个"星榜"张贴在班级最醒目的地方。开始实施这个制度的时候，阿杜每次说起这事都特别自豪："我的红星全班第一"，几次都是这样的回答，让我们对孩子刮目相看。有一次，我向阿杜的老师问起这事，老师就笑了，给我笑得直发毛。老师说："阿杜说的没错，他的红星的确是全班第一，但是他的话没说完，他的黑星也是全班第一，他是我们班的双料冠军。"

　　……

　　这样的事情很多，如果不与班主任见一面，你根本就不能全面地了解自己的孩子。一个小学生，早上7时到校，晚上5时回家，10个小时不在你的视野里，如果你不能和老师及时沟通，不能和老师成为朋友，等出现问题的时候你再着急上火，那就晚了。所以当家长的要经常和老师保持沟通，最好和老师成为朋友，现在的通讯设备这么发达，即使你不能经常去

▲阿杜和爸爸在长城

121

学校，最起码也要经常和老师通通电话。这样你才能做到心里有数，这样你对孩子才能有一个全面的了解，做到有的放矢。

我再说一件阿杜复读那一年的事。

阿杜复读我们是有压力的，但是我们想阿杜自己的压力一定比我们还大，所以从进入复读状态开始，我们夫妻两个就商量好了，尽可能让孩子放松，甚至聊天的时候都从来不提高考的事，尽量不给孩子制造紧张空气，生活上也处处更体贴孩子。

开学三个多月之后，我到学校和阿杜的班主任了解孩子的状态，阿杜老师的一番话却使我们对孩子有了一个全新的了解。

老师说："我从来没见过像你们家阿杜这样的复读生，特别放松，比应届生都放松，仿佛根本没有压力似的，看不出来是个复读生。朗诵英语课文的时候，他特意拿出播音员一样的标准腔调，很活泼，我们像听书一样。下午上课的时候大家比较困，我让阿杜唱一曲，他毫不含糊地就给大家唱一曲。而且这孩子特懂事，干活、和同学相处、尊重老师啊，都非常好，这孩子今年就是考不上清华大学，你也别让他复读了，就这孩子到哪里都是一个领军人物。但是，我也得告诉你们孩子的缺点，孩子的缺点也是很严重的，上课太喜欢说话，爱表现自己，你回去和阿杜说，如果改掉这个毛病，我给你们保证，一定能考上清华大学……"

听了老师的话，我们释然了，放下包袱才能跑得更远。

孩子毕竟是大了，我当天晚上就把老师苦口婆心的这些话说给了阿杜，阿杜笑了："是吗，这么说为了考上清华大学，我也得把这个毛病改了啊，也不能辜负老师的期望啊，杨紫英老师是和别的老师不一样，我们学生对她印象特别好。她和你们说的这些话也和别的老师说的不一样，让人爱听。"

几天之后我给阿杜的班主任打电话，阿杜老师在电话里高兴地说："阿杜这次改得比较彻底，毕竟复读一年，懂事了，放心吧，肯定能考上……"

你看，我们在家紧张的什么似的，原来孩子根本就没把复读当回事。知道了这一点我们就有我们的对策了，我们就敢给孩子施加压力了，不然我们都不敢和孩子谈高考的事了，这就是和老师沟通的好处。

孩子在老师面前、在学生面前、在家长面前，他们的表现常常是不太一样的，所以你要从不同的侧面了解你的孩子。

还有一点，无论多忙都要参加孩子的家长会。说出来你肯定没有我忙。我自己有两家公司，每年我自己还写两到三本书，而且保证达到出版水平，但是即使是这样，从小学到阿杜高中毕业，我只有一次家长会没去参加，而且这一次是有原因的——孩子自己把家长会这事给忘了，他没告诉我，有意的还是无意的现在已经不重要了。

所以，为了你的孩子，你最好多牺牲一些自己的玩乐时间，和老师沟通沟通。现在你多操心一点，将来你就可以少操心一点。孩子考上一个好的学校，找到一个好的工作，有了一个好的生活、好的前程，你的后半生就不用再操那么多闲心了，这本账你应该比我算得明白。否则，你将操心一辈子，很不上算。

2. 僵尸少年时

很多家长经常这样抱怨：孩子变得越来越陌生，年龄越大越不喜欢和我们沟通了，有时候一天我们都说不上几句话……

其实出现这样的结果，绝大部分责任都在父母。

一是父母对孩子的要求太苛刻。孩子没有半点游戏的时间，不许看电视、不许看漫画、不许看小说、不许……不许的东西太多，孩子达不到父母的要求父母就给孩子施加各种压力，久而久之，孩子就不敢把自己的事情说给父母了，说了等待的就是唠叨和呵斥，干脆什么都不说了。

二是父母过于专断，不给孩子任何选择的空间。孩子逐渐大了，有了自己的思想，有了自己的活动，有了自己的朋友，父母应该尊重孩子的意见，给孩子选择的空间，而不应该任何事情都由父母说了算，任意安排孩子的人生、未来。什么事情都是父母说了算，孩子说什么也没有用，索性孩子就什么也不和你说了，但是也许孩子在这种专断的家庭里渐渐学会了我行我素，你说你的，我做我的。

　　三是父母不了解孩子的心理和生理变化，把自己的思维方式强加给孩子，这就是人们常说的代沟。代沟肯定是存在的，但是我们应该尽可能地把这个沟变得更浅一些。所以为人父母，想要了解孩子的思想、行为、活动，你应该有更多的时间和孩子在一起，熟悉孩子的生活，倾听孩子的谈话，和孩子平等地交流，这样的活动多了，你和孩子之间的代沟就逐渐地变浅了。

　　阿杜和我们在一起从来都有说不完的话题。

　　孩子小的时候，我每天陪孩子一起玩游戏，给孩子讲童话，和孩子一起画画、摆积木，深入到孩子的生活之中。孩子上学之后，他喜欢看的书，我也常常拿过来看一看，孩子写的日记他也主动拿给我看，这样你和孩子就有话可说了。当时孩子的妈妈工作比较忙，孩子每天基本上是我来管的，孩子把我当成了他的玩伴、大朋友，什么事情都和我说。而且，我对孩子说的东西总是特别感兴趣地倾听，把孩子从幼儿园里接出来之后就像聊天一样问孩子："今天幼儿园里都发生什么有趣的事情了？"于是孩子就滔滔不绝地说开了："王大龙昨天在门口的草地上捡到了一元钱，今天放学的时候他站在那里不走，他妈问他都下雨了，怎么还站在那里不走？他说昨天那一元钱就是在这里捡的……他这是不是就是守株待兔？"

　　我听了孩子的讲述，哈哈大笑："对，这就是我那天给你讲的守株待兔……"

　　诸如此类的谈话我们几乎每天都快乐地进行。

　　孩子上学之后，我们的聊天基本上是从吃晚饭的时候开始的，所以餐厅基本上就成了我们的聊天室。班级里发生的趣闻轶事、孩子不理解的问题、学校又有什么新花样，等等，都成了我们津津乐道的话题。

　　下面是我们几次聊天的话题：

　　"爸，今天特别有意思，我们班刘宏宇把《将帅少年时》念成了《僵尸少年时》，把我们全班同学都乐抽了。"

　　"怎么把'将帅'念成'僵尸'的呢？"

　　"他把'帅'看成了老师的'师'，而把jiàng念成了jiāng，两个字同时都念错了，'将帅'就成了'僵尸'。"

"有点意思。"

"老师笑得都无法给我们讲课了。"

……

山上的人瞅山下的人多大，山下的人看山上的人就有多大。父母和孩子之间的关系就仿佛山上的人与山下的人那种关系，如果你给孩子留下的印象总是居高临下那种感觉，孩子对你就只能仰视，敬而远之。你深入到孩子的生活里，你了解了孩子的生活，你知道孩子想什么，他在干什么，你把他当成朋友，他自然也拿你当朋友，自然你们的话题就有了，你千万不要拿自己太当回事。

看看阿杜怎么说：

僵尸少年时及其他

今天是一个有趣的日子，发生了好几件让人发笑的事儿。

今天老师从学校图书馆借回来八十多本图书，大家立刻高兴地围了过去，七嘴八舌地开始挑选起来。

其中有一本书叫《将帅少年时》，是讲述军中著名将帅少年时期的故事，刘宏宇平时最爱阅读鬼怪狐仙一类的书籍，不知道今天怎么被这本书吸引了，一手抢了过来。刘宏宇拿着书到老师面前去登记，老师问："什么名？"刘宏宇非常爽快而且响亮地喊道："僵尸少年时！"

上次，刘宏宇也是阅读一本鬼怪方面的图书，让老师给好个批评，还将书给没收了，老师怎么会从图书馆借这样的书呢？同学们都觉得奇怪。刘宏宇更显得理直气壮，上次是我自己的书，现在这本关于"僵尸"的书可是你给我们借回来的，看老师还有什么话说！所以老师在登记书名的时候，刘宏宇显得格外地神气。

老师疑惑地问："什么书？"

刘宏宇很痛快地再次回答："僵尸少年时！"

说着，刘宏宇将书递到了老师的眼前。老师一看书名，立刻憋不住了，哈哈大笑起来，同学们听了老师从未有过的笑声，都围过来看，大家

看了刘宏宇的书之后，也跟着笑成了一团，整个房间都被刘宏宇的《僵尸少年时》给逗得前仰后合。

刘宏宇平时学语文就不用心，错字、别字、白字常常出现在他的言谈中、作文里。什么别野（其实是别墅）、凶酒（其实是酗酒）啊是常有的事，上次还把一班的张斌念成了张文武，大家自然又是一场哄堂大笑。

今天刘宏宇把"将帅"竟然说成了"僵尸"，实在是奇谈。

"将"是一个多音字，有时念"酱"音，有时发"僵"音，要根据不同的情况来确定，当用在将帅等词中的时候，它是去声，发"酱"音；当它组成"将来"、"将军"等词的时候，则是平声，发"僵"的音，在书名中，"将帅"一词的"将"应该是发"酱"的音调，而不能发"僵"的音调。

"帅"是一个常见字，但是它和"师"字又是一个形体相近的字，在马虎不认真的情况下，常常会将"帅"和"师"混为一谈，鱼目混珠。

今天这两个容易出错的字又非常巧合地同时出现在这个书名里，使刘宏宇闹出了这么一个让大家笑掉大牙的故事，真是有趣。

数学课上也发生了一件趣事。

老师在小黑板上出了三道例题，其中有一词是"一桶奶粉"。

老师叫战闯起来回答问题。战闯站起来毫不犹豫地说："一桶牛！"

同学们笑得直捂肚子。其实战闯是要说"一桶奶粉"，但是由于想到奶粉，接着就联想到产奶的奶牛，再加上精神有点溜号，站起来由于精神溜号而紧张，心里想的什么自己都没有来得及反应，张口就来了一个"一桶牛"！

我想，上课回答问题时还是冷静点好，不然慌慌张张地就会闹出意想不到的笑话。另外，在回答问题时闹笑话，多半是因为精神溜号，因为溜号，所以回答问题才会驴唇不对马嘴。

这件事已经过去半天了，可是想起来就忍不住想笑，"一桶牛"正常想问题的人还真想不出这么出奇制胜的词汇呢！

语文课的故事是这样的：

今天复习第七单元的课文背诵，吕震宇被老师叫起来抽查。

第22课有这样一个片段："……一位冻僵的老战士，倚靠着光秃秃的树干坐着……"描写了一名军需处长在战争中顽强、勇敢的场面。

但是由于吕震宇一时大意，也许是吕震宇看电视看多了，印象中军需处长多半是老头，他背诵课文的时候把军需处长和老头自然地联系起来，把军需处长说成了老头："……一位冻僵的老头，倚靠着光秃秃的树干坐着……"老师听了，强忍着没有笑出声来，下边的学生听吕震宇变魔术一样把军需处长变成了老头，早已经笑得前仰后合了，这太可笑了！

老师忍俊不禁地说："回去再熟练熟练，然后再来检查！"

军需处长被吕震宇变成了老头，可是吕震宇自己还莫名其妙呢："我背诵的不是挺好吗，怎么还让我熟练？"

2000年6月22日（小学六年级日记）

3. 得不到的是最好的

现在的孩子和以前的孩子的确不一样了，社会竞争太激烈，而且竞争已经由社会进入了学校，导致孩子的负担太重，生活很枯燥，甚至可以说一点乐趣都没有。所以，孩子有时候会有一些很浪漫、很天真的愿望，希望放松一下自己的心情，我很理解孩子的这种心情。其实这很正常，我们成年人不是也常常有这样的想法吗？如果你总是很独裁，孩子逐渐地就会向你关闭他曾经打开的那扇心灵之门。

一般情况下，孩子的合理愿望我们总是想方设法帮孩子实现。生活的琴弦不能总是绷得那么紧，何况是孩子呢？

上小学的时候阿杜就有一个愿望，想去一次香港。

"为什么想去香港呢？"

阿杜的理由很单纯："香港的漫画水平比大陆的水平高多了，我想到香港感受一下香港的漫画氛围。"

够奢侈的，但是也合情合理。

孩子在寂寞的学习生活中还存有一个自己喜欢和追求的目标，多难得？虽然去一次香港的花销不是一个小数目，但是我还是满足了孩子的这个愿望。是的，并不是每一个家庭都能帮助孩子实现他们各种各样的奇思

▲阿杜和父母在香港的维多利亚湾

妙想，上香港的费用也不是哪个家庭都能够承担得起的，我在这里举这样的例子只是说明一个道理。其实，孩子的愿望常常也是基于家庭条件而提出来的。一个懂事的孩子总不至于让你给他买一架飞机开回来吧？

我在香港花了几百元钱给孩子买他喜欢的漫画，我们去香港的时候阿杜已经上高一了，学习任务已经很重了，但是多年以来一直希望到香港过漫画瘾，已经到香港了，还在乎几百元钱吗？漫画已经看了多少年了，阿杜的学习成绩似乎没受到什么影响，再多买几十本漫画难道就影响孩子了？不会。我们要学会将心比心，我们都多大年纪了，有几天不打麻将手还直痒痒呢，孩子喜欢的东西如果你不能满足他，他心里当然也不是滋味，他也痒痒。

阿杜上初三的时候，有一次过生日，我问阿杜想怎么过，阿杜说想和几个要好的同学一起过，我完全表示赞同："行，你把他们都请咱家来吧，你们想吃什么让你妈给你们做。"

阿杜说："我想和他们吃肯德基，然后我们一起出去玩一玩。"

我说："也行，那我们就省事了，你们自己去玩吧。"

躲开大人，孩子们在一起放松一下是一件很好的事情。孩子们彼此可以获得一次无拘无束的交流，增进彼此的友谊，加深大家之间的了解，还培养了孩子的社交能力。我很不赞同什么事情都由父母陪伴或者包办的做法。

高三总复习的时候，有一天都12点半了，阿杜屋里的灯光还在亮着，我推开门问阿杜："睡觉吧阿杜？"

阿杜说："作业太多，写不完了，都是重复性的东西，而且我都会，我都不想写了？"

"不写就不写，都什么时候了，睡太晚明天不是也影响听课吗？"

"现在不是总复习吗，各科老师都争着给我们留作业，根本不考虑我们的承受能力。"

"明天老师要是问你，你就把这事跟老师说说，没事，别写了，睡觉吧。"

……

以前这样的事情也有，尤其是小学的时候，有时候老师要求一个生字写十行，一行十个字，十行就是一百个字，我认为没必要，就说："阿杜，你每个字写两行就行。"

阿杜说："你说行，老师那关过不去。"

我就告诉阿杜："没事，你就按我说的去做，等一会我和你们老师沟通沟通，应该没事。"

过后我真的打电话为孩子向老师解释了这件事。

有的时候虽然是为了孩子好，但是孩子未必理解，这个时候父母最好别过早地决定，先听听孩子怎么说，学会倾听。

4. 非正式沟通的魅力

有些家长发现孩子出了问题之后，总习惯很严肃、很庄重地把孩子叫到跟前说教一番，而且很频繁。这种沟通其实效果一点都不好，时间长了孩子很容易产生逆反心理。

我一般喜欢用非正式沟通的形式和孩子交流，在不同的情景、不同的

时间、不同的人物面前，总会找到最恰当的话题，像聊家常一样，在不知不觉间把自己要表达的意思表达出来。遇到很严重问题的时候才偶尔采用正式沟通的形式和孩子交流。

非正式沟通的优点很多，它方便、灵活、沟通速度快，而且在这种沟通中比较容易把真实的思想、情绪、动机表露出来，彼此都容易接受。

有一次，阿杜在开发区一个地理老师那里听课，中午我们开车回大连，阿杜在车里就睡着了。快到大连的时候阿杜醒了，自己嘟囔了一句："坐车还真挺累的呢。"

这几天就想和阿杜聊一聊考前复习的事，一直没找到合适的机会，我觉得这是一个契机，我就说："你偶尔坐这么一次车还吵吵累，我们每天大连、开发区一个来回，一跑就是四年，你说我们累不累？你今年一定要卖点力气，一定要抓紧了，再复读可就老个球的了，你不是学过《曹刿论战》吗，你应该懂得一鼓作气的道理，可别给我们弄出个再而衰三而竭，让我们天天来回跑，真受不了。"

阿杜打了个哈欠说："好，我一定让你们结束这种生活，给你们一个满意的交代。"

"有你这句话就好。"

你看，谈话很自然就进入了主题，不用过度也不用铺垫。

还有一次，阿杜的数学考试没考好，100分的卷子他答了66分。我统计了一下，这丢掉的34分竟然有30分是马虎造成的，所以我很想和阿杜聊一聊。但是看他每天忙碌的样子，我又把话咽下去了，复读的孩子多么不容易啊，我真的很心疼。

有一天晚上，阿杜他妈找车钥匙，找了半天也没找到。我就趁机和阿杜说："阿杜你看，你马虎的性格和你妈一样，你妈一天老是马马虎虎，整天找钥匙。你呢，也是马马虎虎，一张卷子竟然因为马虎就丢掉了30多分。那是一张卷子三分之一的分数啊。不怕你不会，每一张卷子都有拔高的题，绝大部分人都不会，剩下那些题比什么，就比谁认真，谁能把会做的题一丝不苟地都答对，谁就是赢家。马虎其实也是一个习惯问题，你妈的钥匙为什么老找不到，因为她没养成用完钥匙就放回拎包里的习惯，她的习惯是打开家门走到哪里就随手把钥匙放到哪里。那么你爱马虎的习惯是怎么养成的呢？因为你过于自信，你习惯于和别人比速度，因为你没养成做完题检查的好习惯。有时候慢就是快。你认认真真地做好每一道题，其实比你毛毛糙糙地做完再检查一遍更快。"

我夫人知道我是在含沙射影，所以特配合我："好，我一定改掉马虎的习惯，阿杜咱俩一起改，你争取把数学答一百分，我争取不再丢三落四……"

这就是非正式的情景沟通，就事论事，触景生情，见缝插针，效果很好。

虽然是非正式沟通，但是聊某一个话题的时候，夫妻两个千万不要一起向孩子开火。最好一个说，一个听，适当的时候配合一句半句的，这就行了，绝对不能老是夫妻两个观点一致，旗帜鲜明地和孩子对立，时间长了，孩子会逆反的。再说了，夫妻两个一个唱红脸的，一个唱白脸的，一旦谁和孩子僵持在那里了，不是还有一个裁判出来和稀泥吗？

◎ 5．2008年的又一场大雪

《礼记·中庸》里面有这么几句："天命之谓性，率性之谓道，修道之谓教。道也者，不可须臾离也，可离非道也。是故君子戒慎乎其所不睹，恐惧乎其所不闻。莫见乎隐，莫显乎微。故君子慎其独也。"

"慎"就是小心谨慎、随时戒备；"独"就是独处，独自行事。"慎独"作为修养方法，就是强调在没有外在监督的情况下始终不渝地、更加小心地坚持自己的道德信念，自觉按道德要求行事，不会由于无人监督而肆意妄行。

但是这是很难的事情，不要说孩子，就是成人、君子，在无人监督的情况下，也常常会做一些出格的事情。所以必要的监督其实还是必要的。

我说一件事：

2008年初，是阿杜复读时候的事，与一场大雪有关。

那天，整个大连下了一场其大无比的大雪，从开发区到大连的这条公

路封闭了，没办法，我们只好给阿杜打电话，把封路的消息通知给他，让他自己解决晚饭问题，我们晚上就在开发区的家住了。天很冷，我和夫人吃完饭又去洗了一个桑拿，之后在凯伦洗浴看了一会节目，从里面出来的时候雪意外地停了，道路也解除了封闭。我一看时间：10点半。

我说："要不咱们还是回去吧？"

夫人说："回去就回去，省得孩子一个人在家。"

于是我们开车返回了大连。

我全神贯注地开着车，夫人说："用不用给阿杜打个电话？"

我说："不用了，正好给他来个突然袭击，看这小子一个人在家干什么呢？"

夫人笑了："也行。"

因为雪后路滑，我们到家的时候已经11点半了。我们以为阿杜可能睡了，就蹑手蹑脚地把房门打开，小心翼翼地进了房门。我悄悄地把阿杜的房门打开，大吃一惊，阿杜的屋子是空的。

我啪地把阿杜房间的灯点亮，他妈妈正好走到他门口："哎呀，孩子呢？"

我说："那还用问，肯定到门前那个网吧打游戏去了。"

我用手机给阿杜打了个电话，接通了："阿杜啊，干什么呢？"

阿杜还故作镇静："在家写作业呢。"

我哈哈大笑："你这个小骗子，我和你妈现在就在家呢，怎么说谎还这么镇静？"

"你们不是不回来了吗，怎么又回来了？"

"大雪停了，你一个人在家我们不放心，就回来了，你还真让人不放心，大半夜了怎么还往外边跑呢？还想不想考清华了，你现在可是复读啊，就这么给我们一个交代啊？赶快回来。"

刚放下电话不一会，阿杜回来了。

那天晚上我给阿杜好个尅，这小子一声不吱。

看见了吧，没有监督的情况下孩子就是这样的，当然了，这是一个很特殊的例子，但是说明了监督的重要性，说明孩子一个人的时候他们是难以管住自己的。

上边说的是父母不在家的情况，其实父母在家的时候，孩子也是需要监督的，要不要监护人干什么？

为了给孩子创造一个良好的学习环境，很多有条件的家庭都给孩子单独准备了一个房间，没有电视的干扰，大人聊天也影响不到孩子，这很好，但是他的弊病也很大，孩子把门一关，你根本不知道他在里面干什么。你以为他在认真地学习，其实他可能在看漫画，当然了看漫画也不是不可以，但是当高考来临的时候孩子关在屋里一门看漫画，那肯定是不正常的。

阿杜就发生过这样的事情。

有一次，我给他削了一个苹果，因为我一直在厨房附近忙着，他也没在意我，当我突然推开门把苹果送到他房间的时候，他突然把手中的书塞到了桌子底下。我把手伸到桌子底下拿出一大摞子书来，一看，全是漫画，我一数正好一套十本，香港马荣成的《风云》。

说实在的，我真想把他这些书给撕了，我强压心中的怒火说："阿杜，你可真行，都什么时候了，还有心情看这些东西？还想考清华大学？你以为你是谁啊，你天才啊？每天看这些东西能考上清华大学吗？我不反对你看漫画，但是你总该分个时候吧？这么多年了，管过你吗？你这三四千本漫画，哪本不是我给你买的？但是你不能在这个时候看啊……"

这是我发现的这么两次，其实当孩子没有父母和老师监督的时候他们还做了些什么我们根本不知道。

我并不是说家长要二十四小时全天候地监督孩子，这样不仅不可能，也不利于孩子的发展，但是我们也绝不能百分之百地放任孩子，这就要求家长能掌握好分寸，给孩子一定的自由，同时也施以适当的监督。就我们家阿杜我是知道的，如果不是我们这么用心地管束和关心他，靠他自我约束，别说走进清华大学，就连考一个重点大学都很成问题。

我在前面说过，阿杜是打游戏的高手，曾经有一次，打遍整个游戏厅竟然没有敌手。我在前面还说过，他是唱歌的好手，什么流行歌曲都会唱。这些东西我们做父母的并不知道他是什么时候练习的，我们看到的只

是结果。那么咱们用笨理想一想，这是一天两天的工夫吗？肯定不是。这说明在没有父母、没有学校老师监督的情况下，孩子还有很多自由的空间可以支配。所以，在可能的情况下，我们的确应该给孩子以必要的监督，否则的话，孩子就成为职业玩家了。当然，如果能成为丁俊晖那样的职业玩家也没有什么不好，关键是咱那儿子他成不了丁俊晖啊！

说到丁俊晖，我这里又要多说几句，其实丁俊晖台球打到世界大师的水平，也不是野蛮生长的结果，他也少不了父母的督促、教练的管理。其实一个游戏一旦成为职业，其枯燥的程度也是可想而知的，没有监督任孩子自由发展，成为世界名家的可能性也是微乎其微的。

◎ 6．大连的家长全是这个风格吗

现在的孩子发育比较早，接受事物的能力强，也越来越聪明，所以当父母的一定要记住，不要用老眼光看待孩子，要尊重你的孩子，在孩子面前不要总摆出一种居高临下的派头，不要认为你是父母是长辈就理所应当地是孩子的上级，就把孩子不当回事。你不把孩子当回事，时间长了孩子也不把你当回事。

首先，要让家庭有一个平等相处的融洽环境。

家里的很多事情我们都征求一下孩子的意见，这样孩子会很高兴，他会有一种很强烈的归属感，他会感到自己是这个家庭的一份子。

2004年我们夫妻两个商量好了，准备买一台新车，我们问阿杜："咱家准备买台新车，你喜欢什么颜色？"

阿杜说："我挺喜欢银灰色的。"后来我们采纳了阿杜的意见，买了一台银灰色的轿车。

阿杜看了崭新的汽车很高兴："真是银灰色的？"

他妈说："当然了，儿子喜欢嘛。"

"又不是我开，主要还得看你们喜不喜欢。"

……

那年放暑假，我们夫妻两个准备回一次老家，和阿杜商量："阿杜，你放假了咱们回一次老家吧？"

阿杜说："我放假得攻一攻英语，咱们还是等下个暑假再去吧？"于是我们尊重孩子的意见，没有回老家。

在我的影响下，阿杜也比较喜欢写文章，于是每当我写完一篇东西的时候，我都让阿杜当我的第一读者，给我提意见。有时候我们甚至为书中的某个问题而争执得面红耳赤，各不相让。有一次我写了一本书，给阿杜看，阿杜看完之后说："你这里调侃的地方太多了，而且你的这种调侃与王朔、石康、韩寒那些人写的东西差太远了，太生硬……"

我说："你逗你老爸啊，我能和人家比吗，我要是能写出他们那样的东西，我不早就出名了？还在这待着？"

"那你就别跟人家学，你那些调侃的东西如果得不到读者的认可就是画蛇添足，东施效颦，费力不讨好……"

"得了，再说我这东西就成臭狗屎了，好，我改一改，争取超过王朔、韩寒！"

……

有时候我们在一起抬杠的时候，你根本看不出我们是父子关系、母子关系，很随便，没那么多忌讳。

在这种交流中发现孩子的优点，纠正孩子的缺点。

其次，要用更多的时间陪伴孩子。父母陪伴孩子的过程中使彼此的距离变得更小，大家没有生疏感和距离感。尤其是现在的家庭，家家都一个孩子，孩子很容易产生孤独感，父母的陪伴既融洽了彼此的情感，又消除了孩子的孤独和寂寞，也更容易了解孩子、熟悉孩子。

我和阿杜都特别喜欢逛书店，于是一到星期天阿杜就和我商量："老爸，明天咱俩逛书店去吧？"我说"好啊。"于是，我们用一个上午的时间逛遍开发区所有的书店，开发区书店不过瘾我们就驱车逛大连的书店。最后他捧一摞子书，我捧一摞子书。回到家里我常常要翻一会他买的书，他也总要把我买的书拿过去看一看，并且还要品评一番，最后说了："等你看完给我也看一看。"

现在孩子已经上大学了，每次放假回来我们都一起看几场电影。买两

桶爆米花，买三听可乐，看完电影我们一起在商场里逛一会，一边逛一遍讨论电影里面的情节，就跟朋友一样。

第三，在陪伴中，你还要尊重孩子的兴趣和爱好。

阿杜喜欢动画，也喜欢打游戏机，所以在上小学学习不忙的时候，我常常陪孩子一起玩游戏机，魂斗罗、坦克大战、俄罗斯方块等等，有时候他赢，有时候我赢。有时候我操作失误了他会大喊："臭手，你这个臭手！"你想想吧，孩子上大一放暑假回来的时候，我和他妈还和孩子一起打游戏机呢。

阿杜在小学五年级的时候，突然喜欢上四驱车了。我陪阿杜到商场里买四驱车，回到家里和孩子一起研究怎么组装，怎么拆卸。玩坏了再买，再装再拆。在不到一个月的时间里阿杜玩坏了四五个四驱车。我根本没呵斥孩子，我认为这很好，锻炼了孩子的动手能力。

第四，要尊重孩子的朋友。

阿杜经常把同学领到家里来玩，我们对待阿杜的朋友就和对待我们成年人的朋友一样，从来不把他们当小孩子看待。他们在阿杜的房间里爱怎么玩怎么玩，我们从来不过去打扰他们。你尊重孩子的朋友其实就是尊重自己的孩子，他会从心底里感受到父母给他的这种自由、快乐、尊重，同样他会把这一切回报给你的。有时候他的这些朋友玩得忘记了时间，我们就留他们在我们家里就餐，像对待高贵的朋友一样对待这些孩子，各种精美的菜肴摆满一桌子，我们陪这些小客人吃饭、聊天，时间长了他们在我们面前一点都不拘束，有说有笑，非常融洽，每次放假都到我家来，甚至在网上就和阿杜约好了："回大连得上你们家撮一顿。"

还有一次，阿杜的大学同学到大连来玩，我们参加到阿杜和同学的聊天之中，大家聊得特开心，那朋友背地里问阿杜的另外一个同学："大连的家长全是这个风格吗？"那同学摇头："很少见，阿杜父母应该算是一个特例，人家文化素质在那呢！"

阿杜和我们学这段对话，我听了之后真的很高兴，其实这就是孩子对你最好的认可了。他把我们当成他最知心的朋友，什么都愿意和我们敞开心扉，这是多么幸福的感觉！他上大学期间，在学校参加了什么活动，得到了什么奖励，写了什么满意的文章，总是在第一时间里告诉我们，让我们和他一起分享他的快乐。

第五，赢得孩子的信任。不给孩子制造麻烦，不做让孩子尴尬的事情。

有一次他妈妈去开家长会，遇到了一个她熟识的家长，两个人忘乎所以地聊开了，结果夫人把从阿杜嘴里听到的一些事情无遮无拦地倒给了这个家长。这个家长也不管三七二十一，到家就拿这些东西和自己的孩子说事，把这个同学和其他一些同学的"丑闻"揭了个底儿掉，这个同学听了异常愤怒，问："谁说的？"那同学的妈妈竟然毫不客气地把阿杜的妈妈给递了出去，递出了阿杜的妈妈还不跟递出了阿杜一样，阿杜妈妈是怎么知道这一切的？

结果可想而知，阿杜在那几个同学面前成了众矢之的，尴尬无比，孩子回到家里和他妈妈大发其火，后来我费了十牛二虎之力才修复了和孩子的关系，重新获得孩子的信任。

所以，家长一定记住尽量少参与孩子之间的事情，不要把成人的一些劣根性、脏思想传染给孩子，要为孩子而改掉你自己的毛病，学会和孩子一起成长。

最后要记住，不能愚弄孩子。

记得在阿杜上小学一年级的时候，我和夫人一起出了一趟差，阿杜的二姨陪他。有一天吃饭的时候他二姨问他："阿杜，你爸和你妈谁好？"阿杜想也没想说："都好。"他二姨说："如果必须分出一个第一和第二呢？"阿杜说："没法分。"他二姨再说："那不可能，怎么也不可能完全一样，你说他俩到底谁更好一点？"阿杜说："那你可不能把我说的话说出去，你必须给我保密。"他二姨说："我肯定给你保密，你说吧，谁更好一点？"

那时，他妈妈在忙着我们家的生意，我在政府上班，时间宽裕一些，陪伴孩子的时候比较多。所以阿杜说："还是我爸比我妈好一点。"

……

我们出差回来之后，刚到家，在饭桌上阿杜的二姨就把阿杜给出卖

了。阿杜二姨对我夫人说："你还给阿杜买这么多东西呢，阿杜说他爸比你好……"

还没等她的话说完呢，阿杜的眼泪哗哗地流淌下来了，他感到在妈妈面前很没面子，一边哭一边说："你这个大骗子，出卖我。"

阿杜妈妈赶快出来打圆场："别哭阿杜，你二姨和你闹着玩呢，我不在乎的，本来现在就是爸爸天天照顾你，等妈妈生意不忙了我就有时间照顾你了，你说的对，现在爸爸本来比妈妈好，但是将来妈妈一定让你知道，妈妈比爸爸还好，你不哭，妈妈不生气……"

阿杜好长一段时间都记着这件让人"伤心"的事情，很少和他二姨再说自己的心事。

所以，千万别糊弄孩子、愚弄孩子，孩子会"记仇"的。虽然说孩子无论长多大在父母眼里都是孩子，但是其实他们早就不是"孩子"了，他们早已经是一个具有独立意识的大人了。

·第七章·

人是活的，书是死的

> 郭沫若在游太湖蠡园时为游人题写了这么一段耐人寻味的话：人是活的，书是死的。活人读死书，可以把书读活。死书读活人，可以把人读死。

1. 把最短的那块木板加长

管理学中有一个木桶原理：一个木桶由许多块木板组成，如果组成木桶的这些木板长短不一，那么这个木桶的最大容量不取决于最长的木板，而取决于最短的那块木板。

在个人知识结构方面，这条原理也同样成立。无论是学生、教授、专家，还是知识面极宽的人，其知识的发挥水平与其知识结构都是直接相关的，并且总存在着瓶颈，这个瓶颈就是这个人的那块"最短的木板"，很多时候，一个人在能力发挥方面都将受到这块"最短的木板"的制约。

我们可以把孩子各科成绩中最差的那一科比喻为那块最短的木板，一个学生的总成绩、将来能上什么样的大学，很大程度上来说是受制于最差的这一科的。语文、外语、数学各科都是150分，文综300分，包括地理、历史、政治，每科100分。我们完全可以想象，如果某位考生有一科

是0分，那么在其他科全答满分的情况下，这个考生的总分最多能达到650分，然而，其他各科答满分的可能很小，姑且打个八折吧，那么这人的总分充其量也就是520分，连一个一本都上不了。如果这个考生各科不瘸腿，各科都能按八折得分的话，他可以达到600分，完全可以上一个全国一流的大学。可见，文化课瘸腿对一个考生的影响有多大？

阿杜小学毕业的时候，英语在他的学习记录里基本是空白，因为他所在的小学当时没有英语老师，英语在阿杜所有学科中就相当于阿杜的那块最短的木板。

怎么办？

其实小学阶段学的那点英语并不多，单词也就是几百个，但是孩子听说别人学了六年，自己一点没学，心里还是忐忑不安。问题的关键不在于学了多少，重要的是不要让它给吓住了。不要让孩子感到自卑，要让孩子敢于面对。

如果利用暑假的五十多天认真补习一下，这块最短的木板会补齐吗？

阿杜小学毕业之后被分到了大连开发区第七中学，我们带着疑问到学校向牛朝霞校长进行了请教。

校长说："小学的英语很浅显，对于一个好学生来说，暑假期间如果肯下工夫完全可以把它学完。"

从校长那里我们还听说，学校按英语成绩的高低，录取了两个实验班，其他学生都是按自然分配的办法分班的。可想而知，阿杜没有被分派到那两个实验班。阿杜其他各科的成绩都非常棒，但是一门英语把阿杜挡到了实验班的门外。

我和夫人都很失落。

正在这个时候，阿杜的堂妹给阿杜来了一个电话，说她的老师在暑假招学生补习英语，问阿杜想不想参加。

我们一家三口讨论了一下，阿杜同意参加补习班。于是，利用上初中之前的这个假期，阿杜在堂妹老师的补习班里补习了十四天的《新概念英语》。阿杜从小学到高中毕业，一共补习过两次，一次是这一次，另一次就是高考前夕补习了八个上午的地理。

阿杜堂妹当时就曾和阿杜说过："我们外语老师的水平相当高，是我们学校外语教学最好的老师。"果然，阿杜的这十四天真的没白补，他把六年小学那点东西在十四天里全部补上了。

开学不久，阿杜用十四天时间预先学习的作用非常明显地表现出来了。因为阿杜班里那些同学英语的底子都很薄，很多人假期也没有补习，所以在那个班级里阿杜的英语竟然达到全班最高水平。因为阿杜的性格活泼，上课的时候也积极与老师互动，很快，那个姓高的英语老师喜欢上了这个活泼的孩子，阿杜也喜欢上了这个老师。

很多孩子都有这个特性：他喜欢任课的老师，就会因此而喜欢这个老师的课程，他就会把这门课程学好；相反，如果学生讨厌这个任课老师，就会因此而讨厌这门课程，就会把这门课程学得很糟。

我上高中的时候，在我们班级里就发生过这么一件事情。我的一个同学，学习特别好，我们同学和学校的老师一直都认为他是有希望上清华和北大的。有一次，这个同学因为少写了一次作文，被语文老师狠狠地剋了一顿，于是他对语文课产生了成见，一到语文课就逃课。高考的时候，因为语文卷子没答好，他竟然放弃了整个考试，选择了复读。而与他成绩相仿的两个学生都考上了清华大学。复读的结果很糟，后来这个同学放弃了考大学而选择了参加工作，参加工作之后念了一个成人大学。

可见，一个老师，学生喜欢或者不喜欢对他们的一生影响有多大。

阿杜在高老师的引领下，英语取得了长足的进步，不仅在班级里遥遥领先，而且在年级里也处于领先的水平，在整个初中阶段英语获得了突飞猛进的发展，不仅掌握了学习英语的技巧，而且英语成为他的一门强项，而且这种"强"一直持续地发展到上大学之后。

后来很多人问过阿杜，学习英语到底有什么技巧。阿杜说了："其实什么技巧也没有，我那几招都是跟初中那个高老师学的，无非就是三板斧：提前学习、多背单词、多做练习。不掌握单词学多少语法都没用。"没有砖头，再好的设计师也盖不起高楼大厦，这不是一个道理吗？

2. 得数学者得天下

得数学者得天下。这句话是参加阿杜高二的一次家长会听阿杜的班主任盛军老师说的，我甚以为然，所以把它作为这一小节的标题。其实阿杜当时的班主任是一位教语文的老师，而教语文的老师能说出这样的话，这既是一种境界，也说明了老师对自己学生切切实实的关怀。

对理科学生来说学好数学是理所当然的事情。阿杜是艺术考生，学的是文科。对文科学生而言，数学是一道很大很大的坎，谁能越过这道坎谁就有可能取得全面的胜利，才有可能冲击名校，否则你其他各科的成绩再好，也没有冲击名校的实力。所以，这句话其实是对学文科的同学而言的，如果是一个学理科的学生，这句话正好应该相反：得语文者得天下。

对文科学生而言，数学常常是他们的弱项，也正是因为如此，有很多学生因为数学没学好，所以选择了文科。在这种情况下，真正把数学学好的学生就成为了文科里面的佼佼者，你就可以"得天下"。

阿杜在刚上初一的时候，对突然闯进数学课的那些字母不太适应，转不过弯来，学起来很吃力。虽然这些字母在英语课里被阿杜玩得滴溜溜转，但是在数学课里，这些字母却怎么着也不听他摆弄了。上小学的时候，阿杜的数学基本没有让我操心过，每次考试都是九十几分，得100分的时候也有。然而，初一上半年的期末考试阿杜的数学竟然不及格，这是阿杜上学以来的第一个不及格，这个成绩对我们一家三口来说有点措手不及，我们都不知道怎么办了。

阿杜拿着卷子沮丧地和我说："老爸，我对中学的数学不适应，我想放弃数学，反正我将来想学美术搞动画，数学对我来说根本没用。"

阿杜的话把我吓了一大跳。我说："你这种想法简直太可怕了，数学对你将来搞动画来说可能不重要，但是数学对考大学来说相当重要，你们学文科的这些人大部分数学都学不好，你把它学好了就会成为你们这些人里面文化科成绩最好的。如果放弃数学你就相当于放弃了150分，你的英语成绩刚刚撵上去，刚刚把那块最短的木板补齐，怎么能再出现新的短板呢？英语在你的小学阶段是空白，你现在都能迅速地赶上来，数学一直都是你的强项，现在这种情况只能说明你一时还没适应中学的数学，你坚持下来，慢慢适应了，成绩就会迅速提高。你不要怕，不就是初中数学吗，我给你补，肯定在下半年期末考试的时候让你撵上去。"

阿杜无奈地点头，答应和我一起试一试。

于是，我到书店精挑细选了三本数学练习册，并开始按着阿杜的学习进度做练习册里这些作业，每天做十几道题，然后从中选择三道最典型的题，等阿杜回来之后让阿杜做，阿杜能做上来我就鼓励他，增强他学习数学的信心，阿杜如果做不上来，我就细心地给阿杜讲解。

为了增加阿杜学数学的趣味性，提高他学习的热情，每次我让夫人和阿杜一起做，然后比两个人谁答得好。开始，夫人答题的速度和准确率一直都高于阿杜，毕竟也是大学毕业，初中的数学当然不在话下。我一想这样子不行，时间长了对阿杜的打击不是更大吗？于是我和夫人商量，告诉她最好放慢一下答题的速度，甚至故意答错一些题目，让阿杜超过你，这样才能使儿子有学习数学的信心。

这一招还真灵，自我们商量好之后，每次答题结束之后我把标准答案一亮，阿杜的分数都超过他老妈，我们就表扬孩子："阿杜进步真快，现在大学毕业的数学高手都答不过你了，你还说自己不是学数学的料？加把劲，年底争取一个好成绩！"

我们这样坚持了半年，效果异常明显，阿杜的数学渐入佳境。后来，他妈妈渐渐地就真的答不过阿杜了。

谁能想到，阿杜在期末考试的时候，数学成绩从不及格一下子跃升为全班第一，年级第二。很多人都被阿杜取得的成绩惊讶得瞠目结舌、哑口无言。阿杜学数学的信心一下子就被树立起来了。这时，每一块板子的长度基本都达到了均衡的长度，阿杜的学习成绩开始飞跃了，从过去的班内十多名跃升到三四名，考高中的时候他的成绩是全班第四，是他上初中以来的最佳成绩。

补习数学和英语而得到的这个结果让我总结出学习的一条重要心得：一定不要放弃任何一科，在漫长的学习过程中一定要保持各科的均衡发

展，在一段时间内，一旦哪一科出现危机，要全力以赴把它撑上，一旦被别人落下，被其他几科甩下，时间长了便积重难返，出现你学习成绩中的"短板"，你不想办法把这块"短板"补齐，这块短板就会越来越短，最后把你水桶里的水全部漏光。我前面讲到的高中时的那个同学就是一个活生生的例子。

◎ 3. 丢掉整个卷子的三分之一之后

阿杜的数学考了一个全年级第二之后，好长一段时间，数学便出现了停滞不前的状态。

每次考试之后，面对考卷我和儿子一起寻找原因。我们发现了一个奇怪的现象，数学考试卷子越难，阿杜的成绩在班级里所处的位置相对而言就越好，他在班级里的排名越靠前；数学考卷越简单，阿杜的成绩相对而言就越差，他在班级里的排名就越靠后。

很多次都是这样，这里面一定有原因，这是怎么回事呢？

我把几张卷子拿出来一一比对，经过反复研究，我明白了。阿杜的数学成绩提高了，他开始对数学感兴趣了，尤其是对数学里的一些难题感兴趣了，因为有了信心，所以敢抠考卷里那些大题、难题、分数高的题了。考卷难的时候，阿杜认真地抠那些难题，而绝大部分人抠不出那些难题，所以阿杜的成绩就显得突出了；相反，当数学考卷里面的题相对简单的时候，阿杜反而把精神放松了，把自己的主要精力用在了后面几个大题上。大题的分数高这是肯定的了，但是答大题、难题的风险也高，结果常常是这样：大题不可能全部答对，而小题因为没有吸引力而精神放松，大意失荆州，也丢失了很多应该轻松得到的分数，最后的总成绩肯定下降。

高二的时候曾经有过这么一次，一张100分的卷子，前边70分的基础题，阿杜信心满怀地迅速答完了，于是集中精力攻那些大题、难题，最后那些大题、难题还真被阿杜拿下了，但是前面那些选择题、填空题竟然有一半被阿杜马马虎虎地答错了，一张100分的卷子因为马虎丢了30多分，丢掉了整个卷子的三分之一。这次的教训非常深刻。

找到原因之后，我和阿杜商量，决定改变战术。把重点放在基础上，把数学考卷的基础题、一看就会的题、肯定能得分的题优先考虑，并且保证这些题的准确率。在保证这个基础的条件下再有选择地完成那些大题、难题、分数高的题。

高考结果证明，我们采取的这种战术是非常正确的。阿杜复读那一年高考的数学得分是112分。对一个学美术的学生而言，这算是一个很不错的成绩了，何况还是一个曾经想放弃数学的学生呢？

马虎也是阿杜数学成绩提高缓慢的问题之一。这小子有的时候能把加号当成减号，把立方当成平方，甚至还有的时候一道题只做了一半就做下一道题去了，然后投入到其他题的演算之中，最后把做了一半的题给扔掉了。

更为严重的是，阿杜的马虎不仅表现在数学上，还表现在语文、英语上……就是说这是他学习上的一个大毛病，必须想办法克服的毛病。

记得培根曾这样说过："数学使人缜密，逻辑之学使人善辩，史学使人明智……"正好，我们决定通过培根的理论，通过数学的学习使阿杜变得思维缜密起来。

于是，在那次一张卷子因马虎丢了30多分之后，阿杜开始降低自己的答题速度，答题的时候时时刻刻告诫自己：静下心来，放慢速度。过去阿杜无论答什么题都不愿意回头检查，这绝对不行，为了克服马虎的毛病，阿杜开始有意识地加强对自己的作业、考卷的检查。把准确、完整放在第一位，把速度放在第二位。每次考试结束之后，我们都拿着卷子对照标准答案认真分析，看一看还有多少分数是因为马虎扣掉的。就这样，反复强化、训练，逐渐地克服了马虎的毛病，复读那一年，高考数学的选择题一共60分，阿杜得了一个满分。

孩子忙于学习，没有时间分析自己学习上存在的一些弊端，哪些地方存在需要改正的毛病，需要克服的不足，常常是当局者迷旁观者清。所以，我们作为"旁观"者一定要用理性的思维帮助孩子查找原因，分析考试失利的各种可能，这样才能让孩子无往而不胜。

看看阿杜怎么说：

棋盘上的厮杀及其他

不到九点我就把全部作业完成了，收拾好书包后，我来到爸爸的书房，信心十足地对老爸说："老爸，咱们杀一盘！"老爸放下手中的书，会心地一笑，显然是没有把我放在眼里，说："好，看我不把你杀个片甲不留！"

下军棋是最近跟爸爸学的，这些天正在瘾头上，每天写完作业都要求爸爸和我杀上几盘，但是由于没有掌握其中的奥妙，至今还没有赢过老爸。

我们将棋子摆好，我先揭开了一个棋子，结果是老爸的，爸爸的棋子马上占领了一个行营。我随后又揭开了一个棋子，还是老爸的，是一个"小工兵"。我心里想："这回可好了，看我怎么吃掉你这个'小工兵'！"我就在工兵的边上随便揭开了一个棋子，没想到竟然是我红色的"地雷"！"小工兵"轻易地排除了我的"地雷"，爸爸得意地大笑，还故意气我："哈哈，得来全不费工夫！"

我有点沉不住气了，胡乱地一阵乱揭，爸爸沉着应战，一直占上风。爸爸已经挖了我的两颗"地雷"，我却只挖了爸爸的一个"地雷"。这时，我的"师长"为了吃掉爸爸的旅长，一不留神被老爸的军长给吃掉了。这个时候我的棋子已经剩得很少了，没有可以移动的兵马，只能揭棋子，很好！我自己的"军长"出世了！然而人算不如天算，我的军长没有行营可进，只好在铁路上巡逻，没想到被老爸的司令盯上了，怎么也甩不掉，在万般无奈的紧急情况下，我的"军长"走进了一个死胡同，哇！竟然碰上了老爸的一颗"炸弹"，"军长"和"炸弹"同归于尽！

我的三颗"地雷"也都彻底被老爸的工兵排除了，老爸的司令下到底部，大大方方、轻轻松松地扛走了我的"军旗"。

每天下棋都以我的失败而结束，正在我生气的时候，老爸以一种长者的口吻又开始"教训"我了："下棋和学习、做事都是一个道理，不能马虎大意，不能急于求成，你的考试卷我都看过，所有丢分的地方都是马虎造成的，并不是不会，因为全会所以就放松了警惕，就要显示自己的实力，想要第一个交卷，最后是欲速则不达！最后一检查错误百出，改正的时候又花去了很多时间，结果每次考试都是一样的结果，分数不高，速度不快。这和你下棋的风格一样，只是想要战胜对方，急于求成，但是却马虎大意，不全面地分析棋盘上的局势，不会保护自己，结果总是一败涂地！"

"哎，老毛病了，能怪谁呢？"

1998年10月5日（小学四年级作文）

4. 我们可以读"小部头"啊

阿杜喜欢看漫画，所以从小我向他推荐名著的时候，他总是以不喜欢为由拒绝阅读，这是阿杜在语文学习方面的一个不足，大部头的名著没有看几本。这个不足在上初二、初三以及高中以后显得特别明显，尤其是写议论文的时候，因为看书看得不多，肚子里没有多少东西，常常是空洞无物地自己在那里自说自话，没有论据也缺乏论点，总是用自己的语言证明自己的结论，看了他的议论文我着急得直摇头，我常常问他，你这是议论文吗？简直是在这里胡说八道！但是在初二、初三以及高中那种学习非常紧张的情况下，再回过头来读大部头的国内外名著，显然也是不现实的了。

那怎么办呢？我给孩子想了一个有效的办法：

是的，读那些大部头的东西已经是来不及了，但是我们可以读"小部头"！于是，我开始刻意地给阿杜选择一些经典美文让阿杜阅读，这些经典美文短小精悍，内容贴近现实，语言优美流畅，故事耐人寻味，一篇文章一两千字，利用学习休息的片刻就可以读一篇，非常适合初二、初三的学生阅读，读的美文多了，肚子里的墨水也多了，写东西的时候内容自然就丰富起来了。

我给阿杜选了台湾作家刘墉的散文、刘玄青的散文、张晓风的散文、大陆作家我帮阿杜选了毕淑敏的散文以及徐志摩的散文和诗歌。这些人的

散文有一个共同的特点，散文里面讲述了很多优美的故事，孩子在阅读散文的同时，既欣赏了美文，学会了行文的技巧，掌握了华丽的词汇，更为重要的是他们吃进去了很多富有哲理的故事，这些故事看一遍就很轻松地记住了，成为孩子写议论文的论据。

第二，只选择那些经典的美文还不够，孩子因为学习任务繁重，阅读量太小，所以我们还必须想办法帮助孩子把这些不足的地方补足了，在增加阅读量的基础上提高阅读质量。我特意订了《读者》杂志，《读者》里面的文章有一个很大的特点：贴近现实。这一点对孩子写作文尤其重要。每一期杂志一到我就开始认真阅读，然后从中找出两到三篇我认为最值得阅读的篇章，推荐给阿杜，这样就帮阿杜节省了不必要的时间，极大地提高了阅读效率。这些文章在阿杜阅读之后我还和他一起讨论，加深孩子对文章的理解和印象。

第三，在采取了上述措施之后，我又给孩子买了几本符合孩子阅读兴趣和心理的大部头——韩寒的长篇小说。韩寒的小说写的都是年轻人的事情，而且他的语言比较幽默、调侃，语风犀利，符合孩子的阅读兴趣和风格，加上韩寒响亮的名气，孩子能够读进去。

就这样，在我的帮助下，阿杜在初二、初三和高中紧张学习之余忙里偷闲，高效率地阅读了一些东西。阿杜一边阅读，我一边观察、审视，效果渐渐地显现出来，因为我发现阿杜写议论文的水平逐渐提高，高中的时候，议论文已经写得相当棒了。

下面是阿杜2005年6月22日写的一篇议论文，很有意趣：

《反裘负刍》及其他

初中时读了《买椟还珠》之后，不禁笑话古人的舍本逐末；近日又见识了一回《反裘负刍》，说一个呆子喜欢将皮衣反穿，因为他喜欢的乃是皮上的毛，然而，岂知"皮之不存，毛将焉附"的道理？

古人是这样，其实现代人跟古时候的人也没有什么太大的区别，现代人也一样的荒唐。

读村上春树的短篇小说集《神的孩子会跳舞》，其中的第一篇叫做

《UFO飞落钏路》，其中有一个叫小村的，他的一个朋友和他说，他的母亲只喜欢大马哈鱼的皮，如果大马哈鱼只是皮就好了。他的朋友因此断定大马哈鱼没有实质性内容，而小村却认为，那样的话大马哈鱼的皮就成了大马哈鱼的实质性内容了。

以此推断，皮衣的实质性内容就是皮上的毛了？

一天，我的一个同学从外边迎面向我走来，一脸的惬意。但见她的腋下夹了一大包杂七杂八的东西，我认真地端详着她夹在腋下的那些东西，认为那一定又是她爱吃的零食，我快步冲上前去。不料，原来同学腋下的那包东西是她刚从外面报刊亭买回来的"书"。

面对那包花花绿绿、乱七八糟的东西，我有些莫名其妙，因为我从来没有看过这样的书。同学一脸兴奋地打开装东西的那个透明的塑料袋，把手伸进去摸索了一会儿，竟然真的从里面掏出一本三十二开的书来，说："喏，这本书送给你吧！"

她拿着报刊亭赠送的那包花花绿绿的东西快乐地跑掉了。

以此推断，对我的这个同学而言，书的实质性内容就是报刊亭赠送的那包花花绿绿的东西了。

我很愕然。

上课的铃声响了，语文课代表把上次考试的卷子一一发了下来。我一看作文的分数，35分，我立刻傻眼了。这个时候同桌歪过他的脑袋，满脸沧桑地说："字写得不好肯定给你扣分的！"

"啊？原来作文的实质性内容不是文字所承载的思想和情感，而是文字本身的美感啊！"由此，我对书法家们的崇拜又增加了一层，原来他们才是真正的文学大师啊！看来应该把看书的时间更多地用在书法上才是。

所以，如果有谁认为以上这些稀奇古怪的事情不荒唐的话，那么此人的实质性内容就不是他的大脑，而是他的胃或者肌肉。

阿杜高考时的语文成绩是119分，在百分制下这个分数相当于80分，根据估分计算，当年阿杜的作文大致在50分左右，60分的作文能得到这样的分数已经很可观了。

不仅如此，阅读量增加以后，阿杜阅读理解的能力也提高了，语文考卷里的"阅读理解"部分成绩也明显提高，这充分说明了我这些办法的效率和效果了。

看看阿杜怎么说：

天上会掉奶酪吗？

——读《谁动了我的奶酪》

前些天，老爸给我买了一本《谁动了我的奶酪》，这本书号称"全球第一畅销书"，不知是真是假。但是从外表看此书的确装潢精美，而且价格昂贵，只有90几页，却要16.8元。全球第一？那就看一看吧，看全球第一到底写的是什么？

我只用了两个小时的时间就把它看完了。

全书用两个小老鼠和两个小矮人的故事，向人们讲述了在工作或生活中处理"变化"这种现象的绝妙方法。

小矮人和小老鼠都找到了许多奶酪，他们就依靠这些奶酪生活，可是后来奶酪消失了。其实小老鼠凭借着动物的直觉老早就发现了那"堆"奶酪在变小的事实，但是他并没有被突然发生的变化吓倒，他立刻就做好了未雨绸缪的准备，开始在迷宫里寻找新的奶酪。

小矮人却不同，他们认为奶酪本来就是属于他自己的，虽然现在这"堆"奶酪在变小、变少，但是他们迟早还会得到更多的奶酪，所以小矮人一直懒得去寻找新的奶酪，而且想当然地认为新的奶酪也不好。后来一个小矮人的观念开始变化了，他有了一点醒悟，开始去寻找新的奶酪了，而另一个却仍然认为有"天上掉奶酪"那样的美事！然而天上是永远也不可能掉下奶酪来的！

那个觉醒的小矮人得偿所愿，找到了自己的奶酪，而且他也发现了那两只小老鼠，原来小老鼠们早已经找到了新的奶酪！

这就是故事的大概。

故事告诉我们，生活中的人们就和书中的小老鼠、小矮人一样。生活中的任何事情都在不断地变化之中。我们在生活、工作、学习中要学会观察，平时注意微小的变化，这样在大的变化来到眼前的时候就能够作出良好的反应，迎接新的挑战，采用新的方法，适应新的情况，从而获得美好的生活。

生活中的变化是绝对的，稳定是相对的。我们不能像那个不觉醒的小矮人那样，总是期待天上会掉下奶酪，总是等待生活回到原来的模式中去，那是白痴。天上永远不会掉奶酪，也永远不会掉馅饼！要想得到奶酪和馅饼就必须用心去寻找。

生活天天都在变化，不可能有一个一成不变的模式，那样的话会有现在的人类吗？地球上岂不还是一个猿人的世界？

2002年2月28日（初一读书笔记）

◎ 5. 写议论文还是编故事

阿杜是漫画发烧友，从小漫画看得多了，自己兴致来了也常常给自己的漫画编点云山雾绕的故事，逐渐地阿杜开始对小说创作产生了浓厚的兴趣，作文练习过程中，他写下了很多自以为是的精彩"小说"，写作水平得到了极大的提高，阿杜的作文多次被当做范文在语文课上阅读，并且开始在报纸杂志上发表文章。所以后来阿杜的作文一直偏向于编故事，不喜欢写议论文，虽然后来在阅读量提高之后议论文有了很大的进步，但是当材料作文不限定文体的时候，阿杜自然而然地就编起了故事，把它写成了记叙文。

这也没有什么，只是编故事有时候是费力不讨好的，而且用一个故事来诠释一个主题，是不太容易驾驭的，在议论文、记叙文随便选择的情况下，老师是不主张编故事的。可能阿杜写顺手了吧，他却感觉编故事更容易一些。

复读那一年，艺术考试刚刚结束，还有一个半月就要高考了，有一次模拟考试，是一个材料作文，材料如下：

151

视野：眼睛所能看到的空间范围（《现代汉语词典》）。据了解，在生物界，动物不同的视野在一定程度上影响其行走（飞翔）的空间和速度。

请以"视野"为题，写一篇文章。要求：立意自定；文体自选，但必须按一种规范文体写作；不得另拟标题；不少于800字。

很显然，这个材料更适合写议论文，但是阿杜没写议论文，他选择了写记叙文，他又开始编故事了，他的作文是这样写的：

视　野

为了开阔视野，体验生活，享受古时先人们登高赋诗的乐趣，感受大自然的旖旎风光，年轻的诗人背上重重的行囊，离开了喧嚣的城市，去寻找自己平日里在诗词曲赋中见过，却没有在视野中出现过的景致。

背上的行囊逐渐沉重，额头上的汗水涔涔流下，正当诗人打算停下脚步歇息的时候，远处传来了潺潺的流水声。一时间诗人仿佛忘却了疲惫，迈着轻快的脚步，奔跑着寻找那流水声的来源。

转过遍地石砾的山脚，诗人终于见到了诗句中描写的壮丽景象：

"山随平野尽，江入大荒流"。放眼望去，一片荒山野岭，莽莽苍苍之中，江水自由、奔放、浩荡地流淌着。时而一只快餐盒子仿佛一叶扁舟顺流漂过，时而几个斑斓的塑料袋子在水中翻滚着掠过水面。浓重得像墨汁一样的江水闪烁着乌亮的波光，在阳光的照耀下，衍射出七彩的油花……

也许因为眼前的"美景"过于激动人心，诗人再也不感到口渴了，他大步向前走去，又翻过一座山峰，松涛怒吼，凉风习习，诗人精神为之一振。站在峰顶回首望去，他忽然想起了一首绝句中的两句："千山鸟飞绝，万径人踪灭"。灰蒙蒙的天空中，一只形貌怪异的飞鸟孤零零地拍打着翅膀，映衬着四周的静谧。

突然，一声异响打破了山野的寂静，怪异的飞鸟在一瞬间被定格在空中，它的翅膀停止了挥动，紧接着一声凄厉的怪叫，飞鸟头冲下迅速向地面坠落。在怪鸟坠落的附近，几个衣着光鲜的年轻人拎着猎枪放声大笑，他们将手中的战利品扔到不远处的车子上，嘻嘻哈哈地坐到车子里，车屁股冒了一股黑烟，载着他们绝尘而去——这就是诗句里面写的"万径人踪灭"吗？

……

诗人已经走了一天，太阳西落，暮色四合。诗人已经无心观赏"风景"，为了不至于露宿山野，他开始加快步伐，寻找可以栖身的人家。正所谓"山重水复疑无路，柳暗花明又一村"，天黑之前诗人终于来到了一个栖身的所在，一座幽静的寺院。

填饱了肚子之后，诗人在寺院中体验着闲庭信步的悠闲，一抬头，他忽然领略了"危楼高百尺，手可摘星辰"的境界——漆黑的夜色中不要说群星璀璨了，连月亮的影子也看不到一点——大概都被人摘走了不成？

第二天，诗人再没有半点踏青赏景的雅兴了，他收拾起自己的行囊，打道回府。

奇怪的是，诗人在开阔了视野之后，终生竟然再也没有写过一首诗。他从此多了一句挂在嘴边的口头禅："我的诗兴已经被我开阔的视野淹没了。"

这篇作文老师给了他一个50分。但是，老师在批语里还是强调了一句："这种写法不容易掌握，建议多练习议论文"。

阿杜把这篇作文拿给我的时候，也顺便和我探讨："爸，你说现在我应该怎么办？将来高考的时候应该写议论文还是编故事？"

其实这个问题我以前早和阿杜探讨过了，所以我说："我还是那句话，你在写作文的时候不要总想着写什么文体的问题，作文题目一出来、材料阅读完毕之后，如果不限定文体，最关键的是你自己的感觉，首先钻进你大脑的是什么？你是对编故事有感觉还是对写议论文有感觉？看你灵感出现的一瞬间是什么？灵感出现的时候你把它当成了什么文体，你就写什么文体，写你最擅长的东西，不要刻意改变自己最具有优势的东西。

而且，越是大家认为不容易掌握的文体，写这种文体的人也越少，这样老师在批作文的时候也会有耳目一新的感觉，给你的分数就可能比别人

高一些。不仅是写作文如此，干什么都是这样，要有一点自己的创新。

但是，写你喜欢的这种文体必须注意两个问题：第一，这种写法不好掌握，容易跑偏，老师说的是有道理的。用一个故事阐释一个主题，的确不是容易的一件事，这很像古时候的那种寓言。你写的时候思维进入了一种境界，你怎么琢磨都觉得你的文章把主题表达清楚了，但是阅读你文章的老师不一定和你产生共鸣，所谓一千个读者就有一千个哈姆雷特，说的就是这个道理，这需要引起你的足够注意。

第二，你这样写作文，我们自认为是一种比较新颖的选择，但是任何创新都是与风险同时存在的。就仿佛一条新路修好了，人们还是习惯走原来的老路一样，为什么呢？因为新路你没走过，新路将通向哪里，半路有没有警察，收不收费等等，都是不确定的，都是未知的，只有你真正走过几次之后你才能全面了解这条路，你了解的过程就可能增加你的通过成本。作文也是一样的，每一种创新都是与风险共存的，从初中到高中，你似乎已经在这种尝试中了解了自己的实力，你已经很好地驾驭了这种文体，所以在可能的条件下你完全可以选择这种创新的写法，提高你的分数，除非对编故事一点感觉也没有的时候，你再写议论文……如果必须写议论文那就另当别论了，咱也不怕，我觉得你的议论文写得也不错。"

都什么时候了？这个时候必须给孩子足够的信心，不能让孩子徘徊彷徨。如果这时候你给孩子泄气，孩子自己也犹豫，对开始毫无好处。

阿杜说："你说的对，现在咱也不用庸人自扰了，到那个时候再说吧！"

不要强求，不要给孩子固定的模式，要充分考虑到孩子最擅长的东西是什么。无论写作文、答数学题、英语题都一样，优先选择自己最擅长的东西去完成，从易到难，以此类推。

6. 《卖油翁》与政治课

因为初升高的时候阿杜政治卷子的分数比较高，阿杜在高中阶段一直担任班级里的政治课代表。阿杜的政治的确学得不错，高中阶段政治期末考试还考过全年级第一。

阿杜的政治课其实在开始的时候并不是很好，尤其是哲学、政治经济学和时事政治这些东西，他不但不感兴趣，而且成绩也不好。但是这门课不管怎么说也是100分啊，再说了哲学这东西学好了也可以提高学生的思辨能力，毕竟它是一个工具，学好它有利于其他学科的学习。

于是，我和阿杜经过商量，想了几个办法提高政治课成绩。

第一，关注时事新闻。在学习不紧张的时候，给阿杜创造一些条件每天看30分钟的电视新闻，可能的条件下，我还会把当天报纸上的新鲜事讲给阿杜听，看完电视听完我讲的新鲜事之后，我们一家就事论事进行一番讨论、分析，有时候和政治课的内容直接挂钩。

第二，利用一些闲散时间经常进行与哲学、经济学、社会学相关的聊天。比如将日常的一些自然现象、社会现象，以及成语、故事等作为谈话对象，用哲学的视角或者经济视角与阿杜展开探讨，比如，刻舟求剑、买椟还珠、守株待兔……它们违背了什么哲学原理；再比如，在超市里排队的时候，为什么哪一个队伍的长度都接近相等，为什么新兴的行业利润率更丰厚，这些现象符合什么经济学原理？日本的首相隔三差五就换一个，最频繁的时候一年都换好几个，这是怎么回事？

……

这种学习方法比单纯学课本里那些东西，生硬地背那些原理、名词解释要好很多。在聊天过程中轻松愉快地把这些政治课可能涉及的内容就复习了一遍，不耽误更多的时间，因为它有别于严肃的课堂练习，具有一定的特殊性，所以容易记住，效果比较好，对孩子提高政治课成绩很有效果。

另外，让孩子多做一些政治内容的单选、双选、多选的练习题。

学习其实也没有什么诀窍，就像卖油翁说的那样："无他，熟尔。"

欧阳修讲过一个《卖油翁》的寓言：

有人特别擅长射箭，世上无双，这个人常常为此而卖弄。有一次在自家园子里练箭。一个卖油的老头放下担子在那里斜着眼睛观看。看了好长时间也没有离开，老头看到那人准确率能达到十之八九，点头赞许。

那人问："你也懂得射箭吗？我射得还行吧！"

老头说："没什么，不过就是手练熟了而已。"

那人很生气："你怎么敢轻视我的箭法！"

老头说："因为我卖油的时候天天用勺子注油，所以我知道你射箭和我向瓶子里注油一样，就是一个熟练的过程。"

于是老头把油葫芦放到地下，把一枚铜钱放在油葫芦口上。他慢慢地用勺子往葫芦里注油，油从铜钱的方口流入葫芦之中而铜钱竟然不湿。于是老头说："我这也没什么，就是熟练了。"

为什么在这里讲了这么一个寓言呢？因为很多课程都和卖油翁老头说的一样：熟尔。

你经常做政治题，你就对政治题的思维方法、答题技巧、联系方式（理论和现实的联系）有了充分的掌握，这样在你的大脑里就有了丰富的信息储存，这些储存的信息不断碰撞、组合、创新，使政治课的内容在你的大脑里实现了融会贯通，这样你的政治分数就不知不觉地提高了。现在提倡素质教育，各个学科已经没有过去那种概念解释、填空之类的题了，你只会背概念、原理已经不管用了。

当然了，其他课程也一样，你必须熟悉它。

☽ 7．"从薄到厚"与"从厚到薄"

有人问阿杜：学习文综有什么技巧？

阿杜不好意思地笑了："真的没有什么技巧。"

阿杜自己总结的方法是：反反复复地读课本，把课本上的东西全部掌握在自己的大脑里，不死记硬背。

以往政治、历史、地理都是分别出题，答卷子的时候相对难度要小一些，现在三门课程放在一起，如果你对课本里的东西不了解，有时候面对文综题，你都不知道那是一道什么题？是政治题、历史题，还是地理题？你不知道是哪一门课程，你还怎么答题？

政治、历史、地理，这些东西如果让你能把课本里的全部内容都背诵下来装到自己的脑子里，那是神话，现实中这样的人肯定是极少有的。我有一个同学叫刘刚，当年我们有四个要好的死党经常在一起复习功课，刘刚的记忆力超好，肯下工夫，每次考试之前他都能把书本背得滚瓜烂熟，我们其他三个人和刘刚在一起互考的时候，常常为他的背书功底惊叹不已，自叹不如，甘拜下风。但是这家伙的最大特点就是不会活用，你别看他每次背书最认真，背书效果也最惊人，但是每次考试都是他的分数最低。那都是二十几年前的事情了，那时候的考试比现在容易多了，很多题目无非概念、名词解释、填空，就最后有几道简述题，有一至两道论述题，简述题和论述题一般是活题，不容易掌握，其他题只要你背书的工夫好，一般都能及格。现在就不行了，整个文综卷子都是活题，你只会背诵概念、原理，那是不管用的。

只会背书不行，但是如果你对课本里的东西掌握得不够全面，你对书本里的东西陌生，那么你答题的时候也必然是盲目的。

所以，想学好文综你就别寻找什么捷径，必须把课本仔仔细细、老老实实地读好了，不要落下课本里的每一个角落。每一个名词、每一句话、每一个故事情节、每一幅图画，那都是一个重要的信息，通过这点点滴滴的信息，你才能弄清楚文综卷子里的这些题都是哪门课里的东西，是哪一个章节里讲的内容，你才能一一地对号入座，知道了这些，你再和自己脑子里掌握的其他东西进行普遍联系，你答题就有了明确的方向，就像在暗夜里行驶的轮船突然看到了灯塔一样，你豁然开朗了。

读书有一个过程，一般是先有一个从薄到厚的过程，然后是一个从厚到薄的过程。当你进入了从厚到薄的这个过程，你的复习基本上就到位了。

什么是从薄变厚的过程呢？

是这样的：当你没有阅读课本之前，课本里的信息在你大脑里的存储很少，当你认真阅读课本的时候你会发现，这里面的内容简直太丰富了，而且越读你发现书里面的内容越丰富，仿佛你天天都背在身后的课本一下子变得厚重起来，你的课本就这样在你的认真阅读之下变得厚重起来。

以上那还只是粗读。之后经过你的反复阅读，你对书里的内容有了更进一步的掌握，于是经过你的不断梳理、总结、归纳、提纲挈领，你发现

书里的内容原来也没有想象的那么多、那么让人害怕，尤其是后来你读到相当熟练的时候，书里的内容你竟然闭上眼睛就能像过电影一样在大脑里回放，一看到课本某一个章节的标题，书里的内容马上泉涌一般地从大脑里喷薄而出。过去一个星期才能看完一本书，现在只要半个小时的工夫，书里的内容就在你的大脑里完全过了一遍，那本粗读时感觉非常厚重的课本，现在竟然变得那么不禁读，它似乎在你的眼睛里变薄了，只是薄薄的一个小册子。

复读那年高考之前，阿杜每天晚上做数学题做累了的时候就开始阅读课本，主要是政治、历史和地理，反反复复地看，已经不知道看过多少遍了，比如，中国古代史一共几章，每一章分几小节，每一节讲述的是什么内容，里面涉及什么人物、什么事件、有哪些图片、表格等等，闭上眼睛这些内容就会浮现在眼前，所以答题的时候就感觉比较轻松。通过这样的学习，阿杜在复读时，文综提高了近20分，三科的平均分差不点就是70分，对一个艺术类考生来说这算是相当可以的了。

你的阅读在完成了由薄变厚、由厚变薄的过程之后，你每天再找时间做一张卷子，再自己对照课本评一下你的卷子，经过几次这样的反复过程你会发现，你的分数在不断提高，你的复习已经见到了明显的效果，你可以信心百倍地走进考场了。

8．何为至高境界

我经常会给阿杜选购一些课外读物，我不断地选择，孩子不断地阅读，于是在阅读中使语文的成绩不断提高，同时在选择过程中，我自己也在不断地进步。

后来，在给阿杜选书的时候我常常这样想：最好选一些与文学有关，同时也与艺术或者绘画相关的图书。因为阿杜是学美术的艺术类考生，最好通过阅读既增长孩子的文学修养又增长艺术或者绘画修养，这不是一举两得吗？而且，这么读书既可以节约很多时间，又能提高阅读兴趣，不是更好吗？

于是，我给阿杜选课外读物的时候，常常在这个原则指导之下进行。

比如，我给阿杜选择了黄永玉写的《从塞纳河到翡冷翠》。那是一本黄永玉到欧洲旅游时写下的一个随笔集，每一篇文章都配有大师的绘画作品，美丽的风景，精美的绘画，加上大师幽默风趣的语言，是一本非常难得的集子。此外，像范增的《范增谈艺录》，吴冠中的《短笛无腔》，曾经在清华大学任教授的陈丹青写的《多余的素材》，台湾作家兼画家张晓风的《张晓风散文》等等。

这些书有一个共同的特点，它们都是由画家完成的，这些大师不但具有极高的艺术修养，而且具有很高的写作水平，他们用散文或随笔的方式将自己的生活阅历、创作经历记录下来，不仅语言流畅、内容丰富、谈吐清新高雅，而且文章都与绘画艺术紧密相连，与绘画人物紧密相关。读书的过程其实就是聆听大师教诲的过程，是欣赏大师绘画作品的享受过程。

我还给阿杜选择了很多画家的评传、传记，比如《与莫奈赏花》、《画室里的风景》、《毕加索画传》、《梵高画传》、《更高画传》、《刘海粟传》，等等。这些书内容相当丰富，书中收录了画家的大量绘画作品，看书的过程也是一个欣赏大师画作的过程，读一本书简直就像给孩子上了一堂艺术鉴赏课。因为这些传记讲述了大师们曲折的成长和成名过程，因此大师们的很多故事、轶闻趣事又成了孩子写作时丰富的素材。

还有一点，大师们艰苦创作的过程，不屈不挠的精神，勇于创新、不落窠臼的风格，热爱祖国、热爱艺术的高尚情怀，生活中的逸闻趣事，都对孩子具有良好的熏陶作用。

因此，我认为选择这些书籍给艺术生阅读，可谓最好的选择，对孩子将来的成长、提高艺术修养、提高写作水平都是非常有利的。

请你们看一篇阿杜曾经写过的一篇作文，题目叫《美的享受》，文章是这样写的：

美的享受

此刻窗外正是晴空万里，一碧如洗。如果不是在考试，真想支起画架去把这夏日的热情永远凝结在画纸上。

我酷爱美术，它让我懂得了什么是美，让我学会了欣赏美好的事物，并且带给我美的享受，不仅是视觉的享受，还有精神的享受。

印象派画家莫奈是一个我非常喜爱的画家。他一生都在画花，他的花园是被一簇簇艳丽的花朵所充满的海洋。莫奈一生在自己的花园里进行了无数的创作，直到失明的那一刻，他手中还紧紧地握着画笔。翻阅着《与莫奈赏花》这本精美的图画，仿佛在和莫奈交流，他对鲜花、对生活、对自然的热爱，给我的精神带来了强烈的震撼，给我带来精神的巨大享受。欣赏他的名画《睡莲》，让我不禁想到了周敦颐的《爱莲说》，让我感受到艺术家心灵的相通。

由印象派画家莫奈我想起另外一个抽象派画家，一个幽默而有胆量的画家毕加索。

德军攻占巴黎的时候，曾有许多德国军官到毕加索的工作室拜访，索要画作。毕加索有一幅名画《格尔尼卡》，描绘的是德军轰炸格尔尼卡的惨烈情景。每次德国军官向毕加索要画的时候，毕加索就复制一张他的《格尔尼卡》，并说："纪念。"

戈培尔手下的德国特务终于从士兵手中的绘画作品中看出了什么。当德国特务拿着《格尔尼卡》的复制品找毕加索算账的时候，特务问毕加索："这是您作的吗？"

毕加索冷冷地说："不，这是你们的杰作！"

当我阅读《毕加索画传》的时候，当我欣赏毕加索的《格尔尼卡》的时候，我和毕加索一样，享受到了一种胜利的快意，享受到了美术的精神力量。

美术，它用视觉的冲击力影响着人的精神，让人们享受到精神的愉悦、快乐！

安徒生曾经这样说："享受是一种堕落，是发酵变质的糟粕中的泡沫。"我说：不！艺术家们说得好："享受是像音乐、绘画和诗歌一样微妙、伟大的艺术。"既然我们的生活、社会、大自然给我们带来这么多美好的事物，我们为什么不尽情地享受呢！

2004年6月12日（初三作文）

在我为阿杜整理的那个集子里，有很多类似的作文，他把大师们的东西融在了自己的大脑里，成为自己的艺术宝库，成为自己取之不尽的艺术营养，在自己的艺术活动中随取随用。

我们再来看一篇阿杜的作文：

何为至高境界

上了中学以后，我总是喜欢师长们夸奖我"又成熟了"！其实真正的成熟也是一种境界，意味着不再懵懂。

"海到尽处天作岸，人登绝顶我为峰"，这更是一种境界，一种超然的境界。

那么，"跳出三界之外"又是一种什么境界呢？我不得而知。

然而我却知道，无论是哪一种行业，能达到一种很高的境界，那必然是心灵层面上渐修顿悟的结果。像卖油翁一般的人物，只能称得上达到了较低层次的一种境界，或者根本称不上什么境界。

记得以前读过林清玄的一篇文章，说作者要参加一期电视节目，为此需要化妆一番。作者看着镜中化妆师娴熟的手法，不禁问道："你究竟苦练了多久才达到这么高的境界呢？"然而化妆师却自嘲地说："这根本算不上什么高境界。"于是作者不解地问道："那怎样的手法才是高层次的化妆呢？"化妆师意味深长地道："其实化妆也同写文章一样，胡乱堆砌华丽的辞藻只能算是三流的文章，只懂得浓妆艳抹也只是三流的化妆；能够将客人的脸修饰得非常漂亮，可以说这也只能是二流的化妆，仍然是一种较低的境界；能够让一个人显得十分有气质，那么他的境界便又进了一步，可以说是一流的化妆了，他已经达到一种较高的境界，但还不是最高的境界；最高明的化妆其实不是外在的，而是心灵的化妆，令人的心灵变得更美，而不仅仅是从人的外表下工夫。"作者听罢不禁恍然，道："如此说来大家当都是同行了？"

说得多好。

的确，境界的高低又岂是肉眼一望就能分辨的吗？不能！手法纯熟也只能算是初窥门径的雏儿罢了。王维在一首诗中这样说道："欲穷千里

目，更上一层楼。"后来一个水平更高的诗人却这样改写道："到此已穷千里目，谁知才上一层楼。"可见，至高境界并不是那么轻而易举就能够达到的。

举世闻名的物理学家史蒂芬·霍金在科学领域造诣极高，难道人们会因为其行动不便而质疑他的学术水平吗？一只训练有素的狮子在驯兽师的皮鞭下可以完成各种高难的动作，赢得全场观众的热烈掌声，难道我们可以认为这只灵巧的狮子达到了很高的境界吗？

正所谓"运用之妙，存乎一心"。内因才是事物变化与发展的根本原因。倘若你是一名歌手，你一定要知道，虽然你目前的歌声悦耳动听，但是那还不够，你还没有达到那种能够引起观众共鸣的水平，离至高境界还有很大的差距；如果你是一名画家，切不要因一两幅佳作而沾沾自喜，因为它们还没有给人们带来心灵深处的震撼。

什么时候，你的歌声能够像一双无形的手，叩开人们的心灵之门，引起人们共鸣的时候，你才达到了歌唱的至高境界；什么时候，你的画作能够像一双无形的手，为人们的心灵画上五彩缤纷之妆，你才达到了绘画的至高境界；什么时候……

2006年12月8日（高一作文）

看到了吗？阿杜写的这些东西里都用到了很多大师们的东西，尤其是大师讲的精彩故事。这些东西比那些没有故事的作品要好很多，看过了就记住了，需要的时候信手拈来，就嵌入到自己的文章里，衔接得如行云流水一般，自然而然。

其实，理工科的同学也可以这样读书，比如看《爱迪生传》、《爱因斯坦与相对论》、看《居里夫妇》、《时间简史》，等等，都能达到事半功倍的效果，都能从这些大师写的文字里，或者写大师的作品里汲取到丰富的营养，获得良好的激励。

关键是我们当父母的要成为一个有心人，在孩子成长的过程中，我们也要学会学习，学会和孩子一起成长。什么是读书的至高境界？我觉得这就是。

9．把数学和外语抛到九霄云外

列宁说过这样一句话：不会休息的人就不会工作。

这话很对，对孩子而言，这句话我们可以稍微改动一下：不会休息的人就不会学习，学习好的人都是会休息的人。

我在前面提到过睡眠与身体健康、学习成绩之间的关系，睡眠这种休息是最彻底的休息，前面谈过了，这里不谈了。现在咱们探讨一番学习过程中的休息，或者说学习过程中的小憩，这种休息对孩子来说也是非常重要的。

在家的时候，你不能让孩子在屋子里一个劲地学，最起码每隔一个小时让孩子休息一会，比如给孩子冲一杯牛奶，削一个苹果，等等。喝牛奶的时候让孩子再看上几眼电视，大家聊上一会，十分八分钟的，这是很好的休息。

如果孩子算数学题算得累了，大家何不到外面去透透空气？三个人漫步在城市的小巷里、公园的林荫下、宽阔的广场上，等等，一边走一边聊天，一边走一边仰望灿烂的星空，一边走一边哼唱周杰伦的《青花瓷》，或者，三个人找一块空地踢一会儿毽子，打一场羽毛球……暂时把数学和外语抛到九霄云外，这是多么惬意的事情啊。

本来做不上来的一道难题，到外面走了一圈，回到屋里思路一转换，一道难题轻而易举地就搞定了。

还有，当孩子看历史地理政治看烦了的时候，告诉孩子可以做一会数学，外语学腻了的时候，何妨学一会咱们的国语呢？如果语文、数学、外语、历史、地理、政治……你都学得烦了，那咱们还可以到《读者》里面找言论、幽默来解解闷，改变学习内容也是非常好的一种休息方式。

同样的东西对大脑的刺激太久了，人必然会疲劳，大脑一疲劳，思维就受到影响，还学什么啊，学也是白费力气，还不如像模像样地休息一会呢。当家长的应该帮孩子把学习和休息非常恰当、辩证地处理好，不要逼迫孩子，也不能太放松管束，这个所谓的"度"你必须拿捏好了。

生活就像一把小提琴，你不能把琴弦调得太紧，琴弦太紧了容易崩

断；你也不能把琴弦调得太松，琴弦太松了你根本拉不出像样的音调。

看看阿杜怎么说：

活在套子里的人们

有人的社会就会有各种各样的套子，它就像枷锁一样套住了有头脑的人们。

那生活在21世纪的我们这些高中生被什么样的套子套牢了呢？相信很多人和我想的一样——分数。

为了分数，孩子们俏丽的鼻子上每天都要架上冰冷的近视镜，后背上每天都要背上沉甸甸的书包，每天都要去一所人满为患的学校……

每当考试来临之前，我们总要摇摇头，心里默默地说："暴风雨不要来得太猛啊——可千万别出什么岔子……"

那如套子一样套住我们的分数简直压得我们透不过气来。我们都是生活在信息时代满脑子新奇念头的青少年，却被这些小小的分数管制了十几年！可是只是管制学生算得了什么？毕了业还要受到它的管制！

"我们这里的企业不收本科以下的白领！"

没有分数就没有文凭，没有文凭就没有饭碗，没有饭碗就没有幸福生活……

分数套住了我们的思想、心灵，每天可以做的事情只有死读书，读死书，就差没读书死了。

然而，不甘为分数所套又能奈它何呢？在很多人的心目中，分数早已成为衡量一个人水平高低的标准。考不了高分就意味着无法立足于竞争的社会。

生活在这样一个"以分取人"的时代，我们这些小高中生能有什么办法呢？我们只好把脖子伸在这套子里。

2005年3月17日（高一日记）

·第八章·

那些令人棘手的事

著名教育家陶行知说："先生不应该专教书，他的责任是教人做人；学生不应该专读书，他的责任是学习人生之道。"

1. 不可避免的打架

前面谈到阿杜和班长打架的事，其实那已经不是第一次了，因为阿杜一直对那个近似于黑社会老大的班长不太感冒，所以班长总想找机会把阿杜制服。

有一次，班长纠集了几个人在厕所里密谋，要在放学的时候把阿杜堵在学校外面的一个小道上，要给阿杜点颜色看看。隔墙有耳，他们密谋的时候忽略了另一边的女厕所，结果女厕所里的同学把他们密谋的事情告诉了阿杜。

阿杜很快给我打了一个电话，问我怎么办？

怎么办？这的确是一个难题。我不可能也找一些社会上的混混和他们来一场恶战，狗咬人一口人不能也咬狗一口；但是我也不可能听之任之等着让他们把阿杜教训一顿；而且，现在这事还是未来进行时，还没有发生，怎么向老师反映？即使和老师说了，今天的计划可能取消了，但是躲过初一躲不过十五啊，再说了还有二月二呢？

这事的确棘手，的确是考验父母智慧的时刻。

我运筹帷幄了好久，终于想了一个点子。我把公司里两个长相比较"凶恶"的家伙叫到了我的办公室，把我的计划一五一十地告诉给他们，让他们帮我摆平这件事。

很快两个"凶恶"的小子就出发了。他们直接来到了阿杜所在的初二（二）班，让同学把那个班长找了出来。一个说："你就是大头是吧，听说你最近在班级里挺猖狂，最近还要采取什么特别行动？我告诉你大头，给我放老实点。你不是大头吗？看我的头大不大，我比你还大头，你小子要是再猖狂，让你满地找牙，你信不信？"

另外一个小子又说："从今天起你给我老实点，给我老老实实的，越老实越好，再不许乱说乱动，再在班级里整事，我把你的大头、小头一起收拾了，今天我们算是警告你，下一次我们就不这么客气了。"

他们两个狠狠地瞪了那家伙一眼："滚吧。"

大头蔫不拉叽地走回了教室。

其实，我们公司里这两个长相"凶恶"的家伙从来都没打过仗，就连他们说的那几句台词都是我教给他们的，是他们背下来的。我的目的就是吓唬吓唬那几个爱打架的孩子，希望通过这种方式有效地制止他们的打仗计划。

我的方法还真见效。不一会阿杜又给我打了一个电话："爸，放学的时候你不用来接我了。"

我装作什么都不知道："为什么？"

"大头他爸下午来把他接走了，肯定是有人把他们的计划告诉老师了。"

我说："那就好，有事情多和老师沟通，他们还了不得了呢。"

今天这件事要不是我在这里披露，阿杜一直都不知道是我在背后动的手脚，还以为是他们班女同学向老师打了小报告呢！

我这一招还真管用。几天之后他们班长主动找到阿杜："阿杜，咱俩讲和吧，以后我再也不和你找茬了。"

就这样，我用了一种比较"卑鄙"的手段，制止了孩子们的一场恶战。

有很多事情，学校出面制止不了，家长出面也无济于事，借助社会的力量更容易把事情搞砸，怎么办？怎么着也不能以恶制恶吧，大打出手吧？那就得想点绝招，但是这绝招最好不要让孩子知道，这绝招虽然见效，但是毕竟还是有点那个。

2. 高中生与谈恋爱

刚上高中的时候，阿杜还是一个不太讲究个人卫生的孩子，也不太知道臭美。上高二不久，有一段时间我忽然发现阿杜的很多习惯发生了非常微妙的变化，突然讲究起来了，每天晚上都洗澡，也开始自己选择穿衣戴帽了，而且经常迟到的阿杜突然严谨起来，每天都比以前的上学时间提前很多，相反放学的时间却比过去延后了很多。

细心的我觉察出了一点什么，毕竟都年轻过，也是从这个年龄走过来的，孩子的这点猫腻还能瞒得过咱们？我对夫人说："阿杜可能有情况，咱俩应该去观察观察。"

夫人问："能有什么情况？"

"你就别管什么情况了，等观察之后再说。"

"那咱俩去学校接他，先不告诉他。"

我们把车停在停车场，我坐在车里，我夫

▲阿杜作品《转身离开》

人守在学校的大门口。放学的铃声响过之后不久，阿杜和一个漂亮的女孩子有说有笑地从楼梯走了下来，精力过于集中的他竟然没看到站在门口的老妈。他和那个女同学刚走出大门，两个人的胳膊就大大方方地挎在了一起。

他老妈一看这镜头立刻就慌了神，脑袋里嗡的一声，仿佛天塌下来一样，三步并做两步就跟在后面喊了起来："阿杜……阿杜……"

阿杜听到了妈妈的喊声，也立刻慌了手脚，和那女生松开手，两个人向前跑了起来。

于是，我夫人也跑了起来，跑着跑着，夫人突然觉得不对劲，孩子反应这么激烈，我可不能也反应这么激烈，我得控制住自己的情绪，我得冷静下来……

夫人停下了脚步，大喊一声："阿杜，跑什么？"

孩子终于停了下来。夫人假装不解地问："跑什么？怎么看到我就跑啊？和你一起走的那个女孩是谁啊？"

这个时候那个女孩也回来了，规规矩矩地站在那里等着挨训呢。阿杜羞涩地说："我同学。"

夫人和颜悦色地说："和女同学在一起就不要老妈了，往哪跑啊？"

夫人冲那女孩和颜悦色地说："走吧，和我们一起去吃点饭吧？"

女孩说："不了，谢谢阿姨，太晚了。"

夫人说："吃完饭送你回去。"

女孩说："不了，谢谢阿姨，我先走了。"说完，女孩冲着我夫人挥挥手走了。

阿杜耷拉着脑袋跟妈妈一起上了车，一言不发，等待着我们两个的爆发。

我夫人突然对阿杜说："阿杜，咱们上哪去吃饭，想吃点什么？"

阿杜一时没转过弯来，"嗯……啊，上哪都行，我随便。"

我说："那咱们还上巴蜀人家吧，怎么样？"

儿子和老婆异口同声："行。"

夫人故作轻松地问阿杜："和女同学在一起就不要老妈了，跑什么，将来娶了媳妇还不把老妈都给忘了啊？"

阿杜憋了老半天也没找到恰当的语言回答他老妈。他妈继续逗他："不就是比较要好的女同学吗，算什么？瞅你吓得那样。"

阿杜还是一言不发。

那天晚上回到家里我们和阿杜进行了一次长谈，我们首先阐明了我们的观点：首先，和女同学交往不能影响学习成绩，期末考试如果成绩提高了，我们不干涉，如果成绩下降了，你们必须结束这种关系；第二，和女同学交往要保持适当的距离，不能超越正常的同学关系。

后来证明我们对孩子采取的措施是比较正确的。

其实高中期间男女同学的适当交往也没有什么大不了的，父母不能太大惊小怪。高中期间学习压力异常大，生活非常无聊。比较要好的同学之间适当地交往，聊一些彼此感兴趣的话题，可以放松心情，彼此获得心理上的愉悦感，起到滋润对方心灵的良好作用，减轻学习压力。

就拿阿杜来说吧，那天我们谈过之后，他心里绷得一直很紧的那根弦终于放松下来，和那个女孩子的交往也变得更加正常了，很多时候我们两个人和他们两个都一起活动，有时候我们四个人还在一起吃吃饭，他们上晚自习或者补课的时候我和夫人一起接送他们，孩子也不刻意回避、躲避我们了，不仅他们两个孩子觉得这种关系挺舒服，我们做家长的也觉得心情不错。而且两个孩子还可以起到互相帮助的效果，我们孩子的文化课学习比较好，而那个女同学美术成绩比较好，两个人互相帮助，年底考试的时候学习成绩竟然双双得到了提高。

他们班主任老师在开家长会的时候这样说："怎么对待高中同学男女交往这件事？我觉得这是考验家长和我们老师的一道难题。我们班有两个同学，我不说他们是恋爱关系，其实就是彼此有好感吧，下课的时候两个人经常在一起，谈得来。影不影响学习呢？我们当老师的、当家长的怎么处理这样的关系呢？人家两个的学习成绩一直在提高，一次考试比一次考试成绩好。所以，我们认为没有必要过分干涉，弄得两个学生心情不好，学生和家长的关系也不好，和老师的关系也紧张兮兮的，鸡飞狗跳的，这样的心情能学习好吗？如果父母和孩子为了男女交往那点事弄成了对立关

系，产生的后果可能比男女生交往本身产生的后果还可怕。我们认为处理这种问题的最好方法是淡化，不鼓励，不过分干涉，适当指导……"

其实高中期间男女同学的交往没有我们成年人想象得那么复杂，是我们成人复杂的思想把事情扩大化、复杂化了。他们之间无非就是传传纸条，写两句浪漫的情话，一些特殊的日子送点小礼物而已，就连在一起吃饭都是AA制，能有什么？我们何必为这些鸡毛蒜皮的小事而紧张，让孩子心情不好，让父母和儿女之间大伤感情呢？

英国科学家经过研究发现，男女恋爱期间大脑会分泌出一种叫做多巴胺的化学物质，这种物质会给人带来一种愉悦和兴奋的感觉，让人的生活充满激情。这么说这种物质不错啊，如果我们帮助孩子掌握好适当的分寸，在枯燥无聊的高中生活中让大脑里适当地充盈一点叫多巴胺的东西，也许并不是什么坏事。

后来，那个女孩子考上了中央美院，我儿子考上了清华大学美术学院，北京毕竟太大，大学里优秀的学生也毕竟太多。选择多、诱惑多，大脑里的多巴胺也会更多，上大学之后，两个孩子很快就成了一般关系的朋友，偶尔两个人在网上聊几句，有事的时候通一个电话、发一个短信，那种青涩的高中情谊像淡淡的花香，随着春光的流逝而散发在岁月的回想之中，成为浪漫的回忆，成为美好的记忆。

3．孩子不愿意和父母沟通的那些事

高中阶段孩子已经长大，大部分都已经超过了18岁，要是在过去很多人都成为爸爸妈妈了，他们处于青春萌动时期。这个时期的孩子对男女之事是比较感兴趣的，但是他们不喜欢和父母讨论这些令人尴尬的问题。很多资料证明，孩子对青春期需要了解的那些知识基本上是从网络、同伴那里获得的，网络和同伴那里得到的信息毕竟是不全面的，而且也良莠不齐，家长也缺乏必要的监督和把关。孩子在这种不良信息的影响下可能会产生很多不良后果，怀孕、艾滋病、性病，出现其中的哪一种情况对孩子的人生都将产生异常深远的恶劣影响。

　　三十多年前，我的一个朋友，毕业于北京的一所著名高校。大学放暑假的时候他到亲戚家玩，认识了邻居家一个在家赋闲的大姐姐，大姐姐大他两三岁吧。两个人在一起玩得很开心，开学的时候两个人已经如胶似漆了。长辈们也没把这事想得太复杂，也没当成一回事，两个大孩子能玩出什么大不了的事？

　　暑假过去了，他什么事没有一样地上学去了，这边的大姐姐却出事了——她怀孕了。怎么办？其实这个大姐姐既不漂亮也没有什么才学，他明显是被大姐姐给诱惑了。他提出分手，可人家家长怎么能同意呢？人家家长说了，分手可以，你这边提出分手，我们这边就挺着大肚子到你学校去理论，看有没有人主持公道？我这朋友害怕了，这样的事情那个时候要是找到学校去，这位老哥非被开除学籍不可，北京的一个著名学府，能考上这样的大学容易吗？权衡再三，最后两个人在双方家长参与之下达成和解，女方把孩子先生下来，男方毕业之后两个人结婚，女方担心将来男方毁约，于是白纸黑字写在纸上，两个人一人一张。后来我这位朋友毕业之后十分无奈地和这个女人结了婚，稀里糊涂地过了半辈子，这后果多么触目惊心，孩子一旦犯了这种错误，想挽回都很难。

　　那么，我们做家长的应该怎么办呢？当面锣对面鼓地和孩子讲这些事是不现实的，首先是孩子不愿意听，其次家长对有些事情也讲不好，效果不理想。有一天我把一本小册子《青春期卫生》很随意

▲阿杜作品《酒吧中的邂逅》

地扔给儿子，说："给你一本书，没事的时候随便翻翻吧。"他拿过去看了一眼，马上给我扔了回来："我才懒得看呢，我又不是小孩。"似乎他比你懂得还多！

所以这事的确需要用一点智慧来化解，我费了很多心思总算想出了几个办法，管用不管用我自己其实也不清楚，但是孩子在这个年龄段里，当家长的你就必须想这些事，每一个年龄段都会有每一个年龄段的烦心事。

你不是不愿意也不好意思看这些小册子吗，不是在家长面前装大瓣蒜吗？你有你的计策，我有我的对策。

首先，我在书店里买了两本书，全是大部头：一个是吴阶平主编的《性知识手册》，一个是世界名著《海蒂性学报告》，《性知识手册》是柠檬黄色的，《海蒂性学报告》是粉色的，这两种颜色摆在书架里特别醒目，而且我还可以把这两本书放在我书柜最醒目的地方，目的就是希望我们不在家的时候孩子会偶尔自己拿出来翻一翻，这两本书都是这方面最权威的书了，里面讲的比较全面，可以满足青春期孩子的任何好奇心理。这两本书孩子到底翻没翻过？其实我也不知道，但是我的心是用到了。

第二，我在翻看各种杂志的时候也会特别留意这方面的东西，因为杂志里面的东西比较杂，什么都有，如果里面讲到这方面的东西我就会把这本杂志送给孩子看看，当然了我不会直接推荐我希望他看的那篇文章，我会顾左右而言他，孩子把杂志拿到了自己的书房，他愿意看什么他就看什么吧，反正我觉得这样的推荐多了，效果总会有的。

还有，我们一家三口在一起聊天的时候，我和他妈会很配合地讲到一些相关的事情，比如讲到上边谈到的我那位朋友的故事。这样的故事要讲得巧妙，要把事情的严重后果讲出来，让孩子从中吸取教训，又让孩子感觉到是父母的随意聊天，感觉不到这故事是故意讲给他听的。这个年龄段的孩子很敏感，也很逆反，他们特别反感父母把他们当小孩子，总以为自己长大了，所以很自以为是，很自负，而就是这样的时候，孩子最容易出问题。

每一个少女都怀春，每一个少年都钟情。这个时期的男孩、女孩都会有自己的青春梦想，这是很自然的事情，我们当父母的应该多理解。

所以，我认为，这个时期如果孩子真的出了什么事情，那不能怪孩子，应该怪的是家长，孩子知道的事情毕竟是有限的，但是你当家长的不应该装糊涂，你应该想尽办法把孩子应该知道的东西告诉给孩子，以免铸成大错。

◯ 4. 书包里的香烟

阿杜这小子的作文写得挺有意思的，总是不按牌理出牌，有时候出其不意就写出一篇很不错的东西，有的时候就走入旁门左道，离题万里，所以我对他的作文比较感兴趣，没事的时候常常拿出阿杜的作文本来瞧一瞧，给他一点指导。

有一天，阿杜把书包放回家就和同学们走了，我到阿杜的书包里找作文本。把所有的书本都翻了一个遍也没找到作文本，却从书包里翻出了一包石林牌香烟和一个打火机来。我真没想到，这孩子竟然越来越"长进"了，竟然抽上香烟了？这让我挺上火。

我并不是那种八卦的父母，每天检查孩子的书包，不过是偶尔看一看孩子作业的完成情况，读一读孩子的作文，虽然是偶尔翻一下孩子的书包，但是从书包里翻出一些意想不到的东西也不是一次两次了，不良的影碟、成人画报等等这些东西从孩子的书包里都曾发现过。孩子毕竟大了，现在的市场又这么开放，孩子成熟得又这么早，翻出这些东西其实也没什么大惊小怪的。没有遇到什么让你血压增高到无法控制的水平已经不错了。

其实孩子自己也知道做这些事情不好，但是孩子毕竟是孩子，有时候他自己也控制不了自己，所以他们做这种事情的时候也都是偷偷摸摸的，他再怎么着也不敢公然地在我面前吞云吐雾。所以，这个时候你千万不要激化矛盾，事情一旦激化了，孩子很可能走极端路线，来一个破罐子破摔，和你顶起牛来结局就不好收拾了。一般情况下，你只要把翻出来的东西收起来就得了，这已经向你的孩子表明：我知道这事了；它还潜在地向你的孩子表明：你小子要注意了，下一次可能就不是这样的结局了！

或者也可以很随便地警告孩子几句：你爸也不抽烟啊，怎么书包里还

给你老爸买了一盒烟？石林烟也太不够档次了吧，等你挣钱的时候再给我买吧，怎么着也得买中华吧？

你小子书包里的影碟挺精彩啊？我先给你收藏着，等你长大了再给你……

每当这个时候孩子非常知趣，脸一红一点脾气都没有，用很小的声音回应你："嗯。"

我觉得这比大吵大闹地教训孩子要好，孩子也是有脸面的，大家撕破了脸皮，对谁都不好。太严厉了有时候会适得其反。

记得西安音乐学院的药家鑫吧：把人撞倒了不想着赶快救人，却拿出一把水果刀连捅被害人数刀，导致被害人当场死亡。案件庭审时，药家鑫向大家讲述了自己的成长经历，他说："从4岁起，我就天天练钢琴，每天除了弹琴就是学习，稍有不好，就会遭到父母的殴打。学习不好时，父亲好几次把我关在地下室不让上楼，我很多次都想过自杀，因为除了无休止地练琴外，我看不到人生的希望。"

一个学业优秀的大学生如今却成了残暴的杀人凶手，这就是药家鑫父母严格管教、望子成龙的教育方式所引起的严重恶果。生活条件越来越好了，而且大家养育的都是独生子女，家长都是力所能及地为孩子创造最好的生活条件，期望孩子受到最好的教育，然而却缺少对孩子进行必要的心理沟通，没有想到孩子的心理感受，没有想着让孩子生活得更快乐一些。父母的高压管束使孩子的心理严重扭曲，也使孩子失去了与父母进行心理沟通的意愿，使孩子走向孤独、封闭、自私、狭隘的死胡同。

西安市检察院在药家鑫案件的公诉意见中指出："一个乐者不仅应该诠释优美的旋律和曲调，更应当演绎高尚的素养和善良的灵魂，但在药家鑫身上，我们只看到极端的自私和狭隘。"

家庭教育并不是越严厉越好，也不是越放任越好。家庭教育其实不是一个技术活，没有标准、指数、公式；它是一门艺术，需要父母的精准把握和适当拿捏，需要用父母的爱心和细致培养彼此的感情，用包容、宽广、仁厚的胸怀处理生活中每一件微不足道的细节，使孩子信任你、爱戴你、喜欢你。在这样的基础上，还有什么是不可以交流的呢？

◯ **5．老师也有错误的时候**

　　其实谁都有错误的时候，老师更有错误的时候，但是在孩子的眼里，老师却是绝对的权威，你如果说老师有什么错误，孩子首先跟你急。记得华中科技大学的校长根叔在演讲时曾这么说："什么是母校？就是那个你一天骂他八遍却不许别人骂的地方。"我在此模仿一把：什么是自己的老师？就是那个你一天说他八遍却不许别人说的那个人。小学生尤其如此。

　　阿杜上小学四年级的时候，有一天拿回一首毛泽东的《忆秦娥·娄山关》：

西风烈，
长空雁叫霜晨月。
霜晨月，马蹄声碎，喇叭声咽。

雄关漫道真如铁，
而今迈步从头越。
从头越，苍山如海，残阳如血。

　　说老师让他们背下来，一边说着一边就背开了……
　　突然，我发现阿杜背诵的诗词里面有一个字的发音不对，我说："阿杜，是喇叭声咽（yè）不是喇叭声咽（yàn），这一句是说天气寒冷，喇叭的声音因此而呜咽。你说喇叭声咽（yàn）就解释不通了。"
　　阿杜说："老师给我们朗诵了好几遍呢，就是喇叭声咽（yàn），老师还能错，还不如你啊？"
　　孩子这么一说我还真没话说了，当家长的无论如何不能在家说老师的不是，但是据阿杜说他们背诵毛泽东的诗词是要参加一个什么朗诵会，如果他们大家在朗诵会上出丑那不是更不好吗，所以我应该想办法告诉阿杜的老师，让她把这错误给大家纠正过来，而且又不能让老师丢面子。

于是我不动声色地给老师写了一张纸条，纸条是这么写的：

老师你好：阿杜在家里背诵《忆秦娥·娄山关》的时候，我发现那个"咽"字的发音可能不对。这个字是一个多音字，有三个音，分别是咽喉的咽（yān）、吞咽的咽（yàn），呜咽的咽（yè）。在这首词里，这个字应该发咽（yè）的音，是呜咽的意思，念咽喉的咽（yān）、吞咽的咽（yàn）都无法解释；而且，联系前后文，这个字发咽（yè）音也和仄押韵。不知正确否，请指正。

我写好之后折叠起来递给阿杜："有点事情和你们老师说，你把这个给你们老师。"

阿杜："什么事？我给你转告一声不就得了？"

我说："是大人之间的事情。"

阿杜拿了纸条就上学去了。

……

晚上放学回来一进屋，阿杜就兴奋地和我说："爸，你挺厉害啊，那个字在那首词里是念咽（yè），不念咽（yàn），今天刚一上课老师就给我们纠正了。"

我装作不知道的样子："是吗，怎么纠正的？"

"她说：'大家注意了，昨天教你们的那首毛泽东诗词有一个字的发音错了，纠正一下。'老师一边说一边在黑板上写下了那个字，然后纠正："'念yè，呜咽（wūyè）。'"

我说："怎么样儿子，老爸还行吧？"

"还行。"

我说："还记得我给你看的《读者》上的那篇文章吗，是写姆贝基的，他发现加热之后的奶油冰激凌比没有加热的奶油冰激凌在冰箱里会更快地凝固成冰，当他拿这个问题向老师请教的时候，所有的老师都耻笑他，连一些专家也对他这个问题嗤之以鼻，但是没有一个老师、专家真正地用一个实验来验证它。后来一个大科学家来到这个学校，姆贝基又拿这个问题问这个科学家。科学家很认真地听了姆贝基的提问，然后说：'我回去后一定给你一个满意的答案。'科学家回去之后立刻亲自动手做了一次冰激凌冷冻试验，结果的确和姆贝基说的一模一样。"

阿杜说："我想起这篇文章了。"

"这篇文章说明什么，说明专家、权威、老师都不是绝对正确、永远正确的，谁都不可能永远正确。对不对？"

阿杜说："是这么回事。"

其实，这并不是简单的一个字对与错的问题，它涉及孩子怎样学习的问题。老师说的是不是永远正确？父母说的是不是就没有错的时候？专家就是绝对的权威吗？不是，谁都不是绝对正确、永远正确的，要让孩子树立起这样一种思想，这才是更重要的。这远比纠正孩子的一个错别字重要得多。

我们中国的孩子在国际中学生奥林匹克竞赛中总能拿到冠军，但是我们的中学生在创造性和想象力方面却排在世界的末尾，这是为什么呢？就是孩子从小被条条框框、规矩束缚得太多，孩子太听话了，孩子在应试教育和填鸭式教育的影响下，已经失去了独立思考的空间。这是挺可怕的事情，国家的复兴依赖于创新，而创新依赖于教育，而我们教育出来的孩子却没有创新，长此以往怎么可以呢？

6．老师不仅会出错，老师也会撒谎

中国人太多变通，太喜欢摆花架子，太愿意撒谎。不知道大家想没想过其中的原因，其实中国人喜欢撒谎是有根源的，因为成年人撒谎太多，因为父母、老师撒谎太多，所以孩子才学会撒谎；因为小时候就开始和成人学习撒谎，所以长大以后青出于蓝而胜于蓝，整个社会浮夸之风日盛：下级撒谎糊弄上级，于是出现大量品德败坏的干部，贪污腐化；施工单位撒谎糊弄甲方，于是豆腐渣工程不断，安全事故不断；煤矿企业糊弄安监部门，于是煤矿爆炸频频，死人事件一个接着一个……

所以，为人父母，为人师表，首先要成为诚实守信的表率，切不可因小失大，让孩子们从小和我们学会撒谎。

记得有一次阿杜拿回来一堆表格，说老师让他们填上，说后天有人来

检查。我随便拿过那表格看了一眼，全是什么达标测验、检查记录之类的东西。

我问阿杜："这些东西你们都做了吗就往上瞎填，都是去年的前年的数据，就是做了你都能记住？"

阿杜："老师说了，就是应付验收团的，这里的大部分内容我们都没做，反正老师让怎么弄就怎么弄呗。"

我说："你们这不是撒谎吗？"

"老师让的，我们有什么办法？"

我说："也就是说，老师也在撒谎对不对？"

阿杜说："对呀，而且还教我们撒谎呢，还告诉我们如何如何填更像真事，太没劲了。"

"既然这么没劲，你为什么还跟着一起撒这个谎呢？别人如何面对这事咱左右不了，但是我觉得还是有办法不参与这个撒谎游戏的，更重要的是不能养成这种用撒谎的方式处理问题的习惯，你说呢？"

阿杜说："反正也不是咱一个人的事，大家都撒谎咱也跟着撒谎呗，你别老弄得自己跟个圣人似的，仿佛众人皆醉我独醒。"

"这也不是，我担心你从小受这种不良熏陶，养成以撒谎的方式处理问题的习惯。不行，你还是不能填这些东西。"

阿杜一边填表一边有些烦躁："那你说怎么办？明天老师就收表了，谁都交上去了，我能不交吗？"

我说："你就往我身上推，说表格让我给撕了，你就说我不知道是学校让填的，你说我爸以为我在这瞎填糊弄老师呢，就给撕了。"

说着，我把那表格拿过来就给撕了。我一边撕一边说："以后这种撒谎的表格你只要让我看到我就给你撕掉，我不怕你们老师，谁找你算账你就往我身上推，我相信没有一个人敢给我打电话。"

的确，胡乱填写一个表格，配合学校撒一个谎，看起来不是什么大事，但是学校里这样的事情多了，如果老师和学校经常这样一起应付上级会给孩子造成什么样的后果呢？这还是小事吗？绝对不是，此风决不可助长。但是这样的事情你不能教训孩子，因为孩子也是没有办法的，他不按着老师说的去做他就要挨批，所以你做父母的就应该想办法把责任揽到自己的身上，像这样敏感的问题，老师敢训学生，但是他肯定不敢和家长叫板，把事情弄大了对谁都不好。

最后，我和阿杜说："你将来进入社会的话，这样的事情会很多，你一定要理智、妥善地处理好，撒谎肯定没有好结果，纸包不住火，但是就像学校发生的这事一样，你发现你的上级、领导也在撒谎，但是领导撒谎一般用的是嘴，领导发话了，你却是具体的执行者、办理者，白纸黑字上写的却是你的名字，追究责任的时候领导一句'不知道'就万事大吉了，你却成了打掉牙往肚子里咽的替罪羊。这就是撒谎者的下场。但是，反过来说，你当时不按领导说的去做，行不行？也不行，时间长了领导早把你晾一边凉快去了，领导就是这样，有功劳的时候那是领导的，有罪过的时候那是下级干的，这就是现在的领导。所以面对那些弄虚作假的事情，用一个谎言掩盖另一个谎言的傻事绝对需要智慧，要学会规避风险……"

阿杜没说什么，他默然点头，算是结束了我们的谈话。

·第九章·
和孩子一起成长

爱因斯坦谈到教育时是这样说的："我确实相信：在我们的教育中，往往只是为着实用和实际的目的，过分强调单纯智育的态度，已经直接导致对伦理教育的损害。"

1. 一个在天上，一个在地下

从小学、初中到高中，阿杜上哪个学校每一次都是服从自然选择，任何一次刻意择校都没有。

我始终坚信毛泽东在《矛盾论》中阐述的观点："内因是变化的根据，外因是变化的条件，外因通过内因而起作用。"种瓜得瓜，种豆得豆。反正你把苞米种子撒到地里，无论你怎样下工夫，什么基因工程、生物工程，你尽可能都用上，它不可能长出大米来的，我是这样想的。

所以，我还是希望孩子在内修上多下工夫，学校、老师、家长不是不起作用，肯定起作用，但是他们再起作用，孩子要是不学，你也没招。所以不要把学校想象得神乎其神。其实好的学校最大的优势是什么？并不是学校好、老师水平高，最重要的是学苗好。不信？咱们把几个先天性脑瘫、痴呆儿送到清华大学让他们教四年看看？不用看，肯定出不来国家领导人。就是这个道理。

所以，不要想方设法地择校，没什么大用，你把择校花的那些钱、那些精力都用在孩子的内修上，想想怎么样才能给孩子增加点动力，让孩子有一种积极的学习热情，如何让孩子在学习中享受到学习的乐趣，这才是最重要的。因此，从小学到初中、高中阿杜一次也没有择校，分配到哪就上哪。

我有一个朋友，孩子考高中的时候考得不是很好，被分配到一个很不理想的高中，孩子很不爽，家长也很不爽。看着同学一个一个地考上了有名的高中，无奈之下，他只好托朋友，花了不少钱把孩子送到了一个有名的高中。可是，孩子上学不久，不爽的事情又来了，孩子的学习跟不上。因为高中是按学习成绩分配学校的，你的分数不够那个学校，那说明你的学习成绩也没达到那个学校的水平，你的学习比不上那些考上的同学，而老师讲课肯定是按着大多数同学的水平安排进度和难度的，不可能按着几个学习不好的学生安排进度和难度，孩子甚至把吃奶的力气都用在了学习上，但就是跟不上大家，你说这不是遭罪吗？这就是典型的拔苗助长。

更烦心的事情还在后头呢，我们知道，物以类聚，人以群分。现在的孩子都特别现实，班级里那些好学生人家都不愿意跟那些学习不好的同学交往，嫌麻烦。学习不好的同学经常要向学习好的同学请教，谁与学习不好的同学交往多了，谁在他们身上耽误的时间和精力就多。另外，学习不好的那些学生太八卦，小道消息、八卦新闻满天飞，影响大家的情绪，也影响大家的团结。所以，人家学习好的同学特别不愿意和学习不好的同学交往。最后只好几个学习不好的同学经常在一起交往，久而久之，学习不好的几个同学成了要好的朋友，学习不用心，专门在八卦上用心，学习每况愈下。学习不好，老师自然对他们也失去了信心，孩子的学习成绩直线下降。于是孩子自己苦恼，家长闹心，老师也无奈，每次成绩一出来，这孩子总是殿后。恶性循环，最后这孩子一点学习劲头都没有了，成绩能提高吗？能考上好学校吗？

还有一个朋友，他的孩子学习情况也不是很好，被分配到一个很不起眼的高中。但是这孩子比较有头脑，本来这个朋友也想通过亲朋好友帮忙

给孩子换一所学校，人家孩子说了："我在现在这个学校成绩还算好的了，到了那些名校、重点学校，我这成绩只能在后面打狼，哪个老师能理咱们？但是在现在这个学校，我自己再下点工夫，老师再关照一下，说不定还能考上一个不错的学校呢。"

后来，真的像孩子自己说的一样。孩子懂事了，开始下工夫学习了，加上他的成绩在这个学校还算好的，老师也特别关注，孩子的名次在班级和年级里也始终排在前头，学习热情非常高。高考结果公布之后，这孩子考上了北京师范大学，而那个择校的学生最后却只上了一个三本，一个在天上，一个在地下。

选择不当，结果竟然如此不同。

而且，同样一个老师，在不同的学生、不同的家长眼里，得到的评价也是不同的。常常是这样，好学生评价他的老师常常都是好的，坏学生评价他的老师常常都是坏的。

阿杜小学六年的班主任始终是一个老师，她的名字叫李志丹。我和这位老师打交道六年，我们一家一致认为李志丹老师是一个非常出色的老师。但是，阿杜毕业之后，我的一个邻居，他的孩子也分到了李志丹老师的班级里。开始我们的这位邻居听我们说李志丹老师好，非常高兴，可是过了不久邻居就向我们反映了："这老师一点也不好，天天批评我们家孩子，还常常把我们提溜到学校，让我们陪孩子写作业……"

听了邻居的话我很不以为然。老师管孩子，和家长交流，目的还不是为了提高孩子的学习成绩？你的孩子不完成作业，上课不听老师讲课，你不教育你的孩子，却在背后怪罪老师，这怎么可以呢？

所以，我始终认为最关键的因素还是学生自己，学校、老师都是第二位的。

人是生活在比较中的，全省的高考状元考试分数再高，你也会认为跟你们家孩子没关系，奥林匹克数学竞赛获得世界冠军也好，全国第一也好，与咱们孩子的距离都太遥远，孩子也不会因此而不爽。但是，邻家的小妹妹考上了北京大学，舅舅家的小哥哥考上了清华大学，自己的同桌考上了复旦大学……这种近距离的比较与孩子就有关了，这种比较使孩子的落差极大，孩子的心情尤其不爽。

所以，你希望自己的孩子学习有长进，首先你要帮孩子营造一个良好的学习环境，让孩子有一个好的心情、好的心态。同样一个学生，在一所好的学校里，他的成绩总是在最后面，他的心情肯定不好，心态也不会好，在心情抑郁的状态下学习，再好的老师、再好的学校，有用吗？相反，这个学生在一所很普通的学校里学习，他的成绩总是排在最前面，同学们羡慕，老师

玩家角色
华仔

在校本科生，和女友小清人称清华二人组。参加2010年百年校庆的相关工作，在校园内由于未知原因来到了100年后，也就是正在进行2110年百年校庆活动的清华大学。面对百年后的清华，华仔的命运会是……

▲阿杜作品《清华男孩》

也关照，他的心情自然就好，孩子的学习热情也会不断高涨，他在一种亢奋、激情四射的状态下学习，学校虽然籍籍无名，老师也默默无闻，但是孩子却一样考出好的成绩，上好的大学。

阿杜拿到大学录取通知书之后，我们一家三口曾经有一次谈话，阿杜最后有一句总结，那简直可以说是一句非常经典的名言："上清华大学是一个系统工程，是咱们一家三口共同努力的结果。"

这话不假，从孩子出生，到上学，从幼儿园、小学、初中到高中，从吃饭、穿衣到交朋友，从玩游戏到看动画，每一个细节在孩子的身上都会留下深刻的印记，都会为孩子未来的成长产生或多或少的影响。孩子还小，他考虑问题还不可能周全，那么，对孩子影响最深刻、最持久、最关

键的人物是谁？是父母！所以，面临每一次与孩子有关的选择，你都要权衡好了，千万要慎重，别干拔苗助长的蠢事，也别干费力不讨好的傻事，更不要总是越俎代庖，在培养孩子的过程中磨练自己，和孩子一起成长，这是我们的不二选择。

◎ 2. "云龙卖馍"的故事

学文科不同于学理科，需要记忆的东西比较多，而且记忆是一个非常让人头疼的事情，也是让人感觉枯燥的事情。然而，你要想成为一个学习上的高手，你又离不开记忆，记忆成为学习过程中必须掌握的一个最重要的技能。科学有效的记忆方法可以达到事半功倍的效果，相反，不恰当的记忆方法却只能达到事倍功半的效果。

记忆有很多科学的方法，我曾经认真地阅读过日本学者高木重朗的一本叫《记忆术》的书，里面讲了很多有效的记忆方法，我把这本书推荐给阿杜，阅读之后，他把书中的一些方法应用到自己的学习过程中，记忆效果明显提高。

比如，书中讲到艾宾浩斯的记忆曲线，这条曲线告诉人们：

保持和遗忘是一对冤家对头。你对以前学过的知识能够回忆起来，就是保持住了，如果回忆不起来或回忆错了，就是遗忘。记忆就是不断地和遗忘进行对抗的过程。

通过对《记忆术》这本书的学习，阿杜掌握了记忆的三昧：遗忘是有规律的，遗忘的进程不是均衡的，不是固定不变的。在记忆的最初阶段遗忘的速度最快，随着时间的推移逐渐减慢，相当长的时间之后，几乎就不再遗忘了，这就是记忆和遗忘的发展规律。观察这条遗忘曲线发现，学得的知识在一天后，如果不抓紧复习，就只剩下原来的25%。它告诉人们，学习新的内容之后要及时复习、巩固。

记忆曲线还告诉人们，不同记忆对象有不同的遗忘规律。人们通过记忆实验发现，为了记住36个无意义的音节，需要重复54次，而记忆六首诗中的480个音节，平均只需要重复8次！这说明凡是理解了的知识，就能记得迅速、全面而牢固；否则，单靠死记硬背也是费力不讨好的。

这本书里还讲到联想记忆法，这种方法利用记忆对象与客观现实的联系、已知与未知的联系、知识内部各部分之间的联系等等来加强记忆。比如，用联想法记淝水之战发生的年代：淝水之战发生于公元383年，我们可以通过淝联想到肥胖，由肥胖想到胖娃娃，而8字的两个圆正好是胖娃娃的头和身体，两个3则是两个耳朵。这样一想就记牢了。

看了这些记忆方法之后，阿杜在学习过程中经常根据具体情况加以应用，逐渐就运用自如了。

书中还讲到口诀记忆法，就是将需要记忆的东西编成一个口诀、顺口溜，记住一句话就记住了需要记忆的东西。比如我们要记住四大著名石窟：云冈石窟、龙门石窟、麦积山石窟、莫高窟。我们为了方便记忆，可以记成一个叫云龙的人卖（麦）馍（莫）即"云龙卖馍"——这样背起来非常容易，云指云冈石窟、龙指龙门石窟、卖（麦）指麦积山石窟、馍（莫）指莫高窟，多有意思的记忆方法啊！而且在考试时可以信手拈来。

通过对《记忆术》的学习，阿杜开始对记忆方法产生兴趣，学习过程中自己还总结了一些使用的记忆方法。比如，对那些经常涉及的拗口的外国人名，阿杜认为没有必要把他的名呀姓啊的记得那么全乎，名字好记就记名，姓氏好记就记姓氏。

再比如，有些课程一个问题反复讲，翻来覆去讲的都是车轱辘话，阿杜的经验是自己重新归纳，用非常简洁的一两句话就概括了，不仅需要记忆的内容变少了，而且自己写的东西也方便记忆。

……

所谓磨刀不误砍柴工，说的就是这个道理。学习是讲究方法的，这里我虽然只讲了一些我和儿子学习过程中与记忆有关的一些方法，但是，学习过程中行之有效的方法其实还有很多很多，我们不能只是闷头学习教科书上那些东西，还要在教科书之外找一些有用的东西，指导自己的学习。孩子的视野可能是有限的，时间也是有限的，这就需要父母在这方面多下一点工夫，甚至父母可以多研究一些类似的东西，在这种学习中使自己获得了提高，也使孩子得到了相应的指导，掌握了学习的技巧。

3．那层窗户纸被捅破了

学美术的学生一般被分成两个部分：

一部分是学习造型的。这些人将来基本是奔着画家的方向努力的，他们的专业一般是国画、油画、版画、雕塑等等，像古希腊哲学家亚里士多德在《诗学》中说的那样，造型专业仿佛是"按照事物应有的样子"来艺术地反映生活。生活形象是真实的、生动的和丰富多彩的，是艺术家塑造艺术形象的基础。

还有一部分是搞艺术设计的。这些人将来基本是搞工艺美术的，他们的专业比较丰富，像舞台设计、汽车设计、服装设计、陶瓷设计、动画设计、网页设计，等等。学艺术设计的学生其创作意图是通过艺术和技术来表现的，而构思创意时必须有丰富而独特的想象力。一切创造性的活动都离不开想象，艺术想象是形象思维的主要方式，是艺术家创造艺术形象的一种特有的心理活动和创造力的表现，也是艺术家应具备的基本素质和能力。

也就是说，所谓设计其实就是一种创新的过程，其设计的作品必须是过去没有的东西，通过你的思考、想象，创作出满足人们需要的一种全新的东西，当然了将原有的东西进行新的组合也是一种创新。但是，如果像造型艺术那样把原有的东西不加改动地搬到自己的作品里，那就不是设计了，那是模仿、抄袭、照扒、剽窃。

所以，设计要比造型难得多，造型需要的是重复、工夫，设计需要的是灵感、创新。你看，像德国的宝马、奔驰，日本的东芝、索尼，等等，那些美丽的外表都是设计师设计出来的。画家是按照现有的东西搞一个"复制"品，越像越好；而设计师则是创造出一个世界上本来不存在的东西，越特殊越好，那能不难吗？

刚开始的时候我对这些根本不懂，以为所有的美术生考试都考一样的东西呢，都到高中二年级了，在一次和阿杜沟通的时候才知道，其实不是那么回事。造型专业和设计专业虽然都与绘画有关，但考试的内容却不同，将来干的也不一样，是两个路子。

这给了我很大的刺激。真的，学无止境。当父母的必须密切关注孩子的专业，阿杜都学画多少年了，我还没弄清什么是造型、什么是设计呢，况且我还自认为是比较愿意学习的人呢，自认为与阿杜的沟通还算多的呢。你说不学习怎么能行呢？过去我只知道看阿杜的色彩、素描、速写，现在不同了，又多出一个设计来，于是我也和阿杜一起研究设计。

阿杜努力的目标是清华大学美术学院，清华大学美术学院设计专业的考试，设计题的满分是200分。所以你想走进清华大学美术学院，你的这个设计是必须搞好的！你搞不好设计，色彩、素描、速写搞得再好也难以达到清华美术学院的录取分数线，白玩！

但是，很长一段时间以来，阿杜对清华大学的设计风格一直没有摸准。搞设计的时候一般是先要有一个主题，然后考生根据自己的理解绘制出一张设计作品。这种作品要有丰富的想象空间，要具有作者的设计理念。它不应该是具象的，而应该是抽象的；它不应该是写实的，而应该是虚构的；它不应该是平白的，而应该具有一定的装饰效果，就这样我算是在理论上弄明白了一点点皮毛。

阿杜也明白这些道理，但是一落笔就不同了，他还是把设计画成写实的东西，老是把它画成具象的东西，一直得不到有效突破，老师看了他的设计作品也直摇头。此时距离专业考试还有不到两个月的时间，阿杜显得有点焦虑、急躁。于是，我想方设法和阿杜一起分析别人的画作，欣赏清华大学美术学院的经典考卷。记得赵本山的小品里有这么一句台词："儿子知道他爸为什么闹心。"其实在这样的关键时刻，当爸爸的咱也得知道儿子为什么闹心，他闹心但是你不能闹心，咱得与时俱进，得继续学习，活到老学到老，永远都没有止境。你把儿子的东西学进去了，才有与儿子沟通的资本，否则你尽说外行话，儿子还要不断地跟你解释，烦不烦啊？怎么和你沟通、探讨？

根据自己当时的理解，我认为此时阿杜的画技其实已经基本达到了清华大学美术学院的水平，毕竟前一年拿到了清华大学美术学院的合格证。关键是他此时还没有充分理解设计的理念，这个时候他还必须不断地欣赏别人的优秀设计作品，同时不断地画自己的设计作品，这叫渐修，在这种

反复研究和琢磨的过程中，在渐修的过程中，说不上哪一次突然就明白了，这就叫顿悟。说白了，也就是那层窗户纸被捅破了。

我把自己的想法和阿杜讲了，阿杜比较认同。他也想更多地渐修，也期望来一个豁然开朗的顿悟，但是一直找不到和清华大学美术学院风格接近的书！多年以来，清华大学美术学院为了招收到高水平的考生，他们很少把考生的优秀考卷编成书推到市场上赚钱，他们担心大家对照考卷练习、猜题，使大家沦为考试的机器，所以与清华大学美术学院风格接近的设计类图书很少。

这时我想起了一个朋友，那是2007年他领儿子到南京考广州美术学院的时候。刚到地方，朋友的儿子说有一本特别重要的书忘带了。我这位朋友二话没说，抬起脚就走了。他打车找遍了南京的所有书店，硬是在一个小犄角旯兒把儿子要的那本书找到了。我豁然开朗，咱自己不会绘画，为什么不找援兵呢？于是，我也跑遍了大连的所有书店，为儿子寻找与设计有关的图书，期望儿子能因此有所突破。

一大摞子书捧回来了，几百块钱也花了。儿子一本一本地检视，看一本一摇头，再看一本还是摇头……最后，阿杜突然看到了一本清华大学美术学院毕业生写的一本书，他的眼睛忽然一亮："这本书在哪买的？太棒了。"

几百块终于没白花，总算有一本书得到了阿杜的赏识，没有瞎了我的一片心

▲阿杜作品高考设计题《运动》

思。阿杜每天捧着这本心仪的设计书，不断地揣摩、欣赏、研究，不断地按着这本书的思路设计，每天画一幅设计作品，大概在半个月之后，阿杜突然之间就顿悟了，他的一幅作品获得了实质性的突破，我们一家三口对着这幅画反复看，都认为这个作品与以往的作品不同、具有设计理念，漂亮。阿杜把这幅作品拿给自己的老师看，老师也认为漂亮："就按着这个路子画！"

设计的瓶颈终于被顺利地突破了，之后阿杜的设计灵感就像喷涌而出的泉水，汩汩流淌。

就这样，经过考前近两个月的揣摩，阿杜的设计终于获得前所未有的突破，考清华大学美术学院的时候，阿杜的设计一举获得了180分的优秀成绩。

4. 我也当了一回魔头

儿子学绘画当爸的就必然要学会当模特，虽然成为名模的机会不大，但是毕竟也算当一回模特。

其实给绘画的人当模特真不是谁都能干的活，比在T台上当模特累多了，也没有那么多镁光灯咔嚓你，一站就是两个小时，你的脖子都不能随便扭动一下，我又是腰椎间盘突出症患者，站两个小时还真够受的。但是孩子要画彩色半身像、画素描头像，你不想站也得站，要不你就到外面花钱给儿子找模特，一个小时50元钱，魔头（模特们的头目）拿20，模特拿30。我不想和魔头打交道，就权且在家当一回魔头吧，我和夫人两个模特，我是头。所以儿子想当画家，老子就得先当魔头。

最紧张的集训阶段孩子一天在学校要画十二个小时，阿杜说有的同学累得膀子都肿了，都抬不起来了，就这样阿杜每天回到家里都不用你说，放下饭碗之后还主动坚持要画画，你当爸爸的站在那里当一会儿模特有什么抱怨的？有时候我就想，我们成年人真应该向孩子学一学，我们在生活和工作中如果能像孩子那样刻苦学习，无论你研究什么早成功了。可是，我们有几个爸爸能像孩子那样刻苦学习的？

孩子学绘画老爸老妈就没有没当过模特的。画彩色半身像的时候当模特是最累人的，时间特别长，孩子画完画的时候，模特累得腰酸腿疼脖子硬，差不多孩子每二十分钟会发一回善心，让我们休息一会。当然了，这里面也有窍门，比如也可以用照相机把我们的形象拍下来，然后对着相机或者对着照片画，这样就解放了模特，而写生就变成了临摹，画得虽然更容易了，但是练不出水平，因为考试的时候多半前面站着的是模特。所以我和阿杜一起出去考试的时候，阿杜看他老爸我也挺不容易的，就发了善心，想对着照片练习。

我说："那不行啊，考试的时候不是画模特吗？那咱就也来真人秀，别像那些歌手一样玩假唱、偷工减料。"于是，为了参加各个学校举办的艺术考试，我和儿子差不多在外面跑了两个月，我就给儿子当了两个月的模特。

阿杜的速写工夫一般，所以他在家的时候善于捕捉零碎的时间，放学之后开饭之前的时间，吃完晚饭之后即将进入学习状态之前的时间，我们穿好衣服要出门等待他妈化妆的时间，等等。利用一切时间进行速写练习。

阿杜是这么想的，画速写比较快，十分八分就可以完成一张画，占用大块时间不值得，大块时间可以用来干别的事情，所以充分利用这些零碎时间进行速写训练最好。

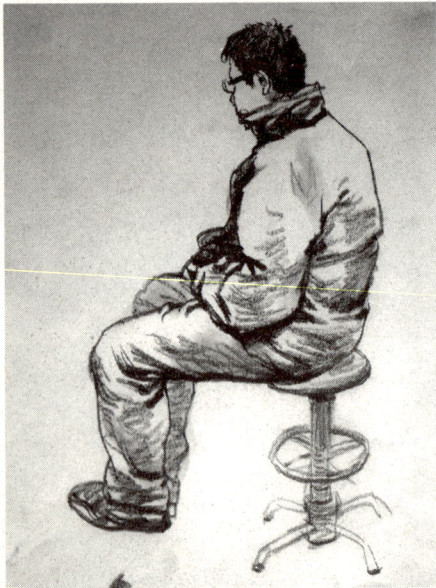

于是，就经常发生下面这样的事情：

儿子说了："老爸，你就保持现在的姿势，别动了。"

本来我看《猫和老鼠》看得津津有味的呢，忽然我像一个木偶一样，伸着脖子僵硬在那里；

本来我正在那里敲电脑呢，忽然我像一个雕塑一样，两只手摆放在桌子上静止在那里……

▲阿杜作品《速写》

因为这些速写有点像照相的抓拍，都是在家里的画面，身上穿的睡衣睡裤之类，一派不修边幅的样子。我倒无所谓，他妈却不行，看阿杜把她画得太丑，常常嚷嚷着不让阿杜把画带到学校去给别人看。

阿杜说了："我不拿给老师看，我不是白画了吗，这是我的作业啊？"

"那你画你爸，多会画你爸都画得那么帅，把我画成丑八怪！"

"那是我爸心情放松，姿势自然，哪像你这么紧张兮兮的，还故意摆出一些夸张的pose？"

"本来你就是美化你老爸，丑化你老妈？"

我说了："你儿子想把他老妈画那么漂亮，一旦有人慕名找来，哪天把你领走了怎么办？反正我看着顺眼就行了，在乎别人的感觉干什么？再说了，别人还以为阿杜画的是咱们家的保姆呢，谁认识谁啊？"

阿杜老妈说了："我本来就是你们的保姆！"

我说："也对，你是阿杜的保姆，我是阿杜的模特，模特肯定得漂亮一点啊，你看T型台上那些模特，哪个不漂亮？"

……

5．空气中似乎飘荡着高考的气味

轿车里，交通台正在组织出租车免费接送考生志愿者的活动，晚上打开电视，屏幕上也在播放有关高考的信息，孩子每天晚上拿回一大摞高考有关的材料，每天接到的电话一多半也都是与高考有关的……空气中似乎飘荡着高考的气味。

6月1日，距离高考还有5天的时间。然而，去年已经落榜一次的阿杜似乎留下了一点去年的阴影，他捧着书本有点看不下去了。

我说："阿杜，看不下去咱们就不看了，穿上衣服我拉你们出去兜风。"

夫人很配合我："走吧阿杜，爱咋地咋地，现在你的脑子已经饱和了，装不进去就不装了，咱们上老虎滩。"

虎滩广场非常静谧。遥远的星空深邃而空濛，晶莹的星星像眨眼一样地闪烁着，将星光撒在粼粼的海面上，夏日的海风轻轻地抚摸着我们三张有些过于严肃的脸庞。

我说："咱们到边上走一走，听一听波涛拍打海岸的声音，品一品苏轼的那首《水调歌头》，这是晚上，要是白天涨潮的时候，咱们真能看到惊涛拍岸，卷起千堆雪……"

阿杜的老妈说："阿杜你会唱那么多流行歌曲，这里现在没人，给我们唱一首怎么样？"

"算了吧，我现在一点唱歌的心情都没有，我就想对着大海狂喊一阵。"

我说："那就喊吧。"

我不容分说，对着空寂无人的黑色海面就大吼起来：@%&//§♂……@¥$/-↖△……喊着、喊着，夫人、阿杜也加入到和我一起大喊的行列，仿佛要把阿杜复读一年的郁闷都发泄出去一样，最后我们自己都不知道从我们的喉咙里发出的是什么声音了。我们喊过了，似乎心情也放松了，站在海边又吹了一会海风，便上车往回走……

6月3日，距离高考还有3天，高考的味道越来越浓郁，走在路上仿佛有英语字母从眼前飘过，吃饭的时候仿佛能吃进去数学符号……吃过晚饭阿杜又说："咱们再出去走走吧？"

我说："好啊，你说想上哪吧？"

"不知道。"

夫人说："要不咱们去唱歌吧，沉浸在歌声里就把什么都忘了，然后……"

我问阿杜："怎么样？"

阿杜说："我无所谓，那就去唱歌吧。"

在卡拉OK厅里，阿杜暂时忘记了近在咫尺的高考，他和他妈一会《神话》，一会《北京欢迎你》，忘记了一切紧张和不愉快，那首《北京欢迎你》尤其让我喜欢。

我说："阿杜，听到了吗，北京在等待着你的光临，有梦想谁都了不起，尤其阿杜唱的那句最棒：'有勇气就会有奇迹'，同学不是管你叫阿杜吗？就你那种舍我其谁的勇气，今年咱们一定行，就冲今天晚上这首歌，就冲阿杜的歌词我就敢保证，阿杜今年肯定能考上……"

▲高考之前踌躇满志的阿杜

阿杜说："要说考上早考上了，去年上海理工大学咱就考上了，关键是考上什么学校？"

夫人说："当然是清华了，还能是哪，好了打住。今天晚上咱们只谈风月，不准再谈风云。"

阿杜接过麦克风："好，那咱们俩就合唱一首《神话》，来点风月？"

……

"……爱是心中唯一不变美丽的神话……"

看着投入的夫人、潇洒的儿子，仿佛这歌词在述说着我们一家三口爱的神话。

6月4日，我们一家三口到友好广场附近的电影院看了一个香港的电影《游龙戏凤》，是刘德华和舒淇主演的一个喜剧片，整个影院充满了轻松的笑声。

散场之后，我们在中山路的人行道上漫步。虽然已经将近10点钟了，但是路上的汽车依然像潮水一般不断地从远处奔驰而来，向远方呼啸而去。不眠的灯光闪烁着，伴着路上那些不眠的人群。

经过几天的调整，阿杜的紧张状态明显缓解，虽然还有一天就要进考场了，然而，看我们这样漫无边际地在路边闲走的样子，考试似乎已经成

为非常遥远的事情。

突然，阿杜老妈指着前面的一辆车说："看着没，法拉利，多漂亮。阿杜，等你挣钱了给我买一辆法拉利就行，然后在香港的浅水湾给我们买一座小别墅，我这辈子就知足了。"

阿杜点头："行，野心还不算大，看看吧，如果我能成为一个世界级的漫画大师，我还是在美国的贝弗利山给你们买一座别墅吧，省得你们换来换去的……"

"你小子就吹吧，小心把广场里的那个大玻璃球吹爆了。"

"不是我先吹的啊，是你先吹的。"

我说："你们两个都够能吹的了。"

……

从表面上看，阿杜似乎已经很放松了，但是这轻松是装出来的还是真的我就不知道了。反正我们当父母的应该做的事情，我们基本上都做到了。虽然我的心里异常紧张，但是我的外表却相当地放松，我们走在中山路边的人行道上，谈笑风生，指点江山，把高考忘得一干二净了。

阿杜的老师在临考前曾经这样说："谁能放松自己，谁就能赢得胜利。"

从后来阿杜高考的分数看，高考之前阿杜是轻松的，他把包袱都扔到了老虎滩的海水中，扔到了卡拉OK的歌厅里，扔到了《游龙戏凤》轻松的笑声里，扔到了中山路边的人行道上……

6. 向孩子学点什么

孩子已经从我们的身边溜走，他的目标在非常遥远的地方。22年，我们一家三口相亲相爱，美好的青春岁月已经随着孩子的长大成人而悄然远去，我们换来的是满脸的沧桑，换来的是孩子的青春年少，踌躇满志。

在这不平凡的22年里，孩子茁壮成长，我们在陪伴孩子的过程中也从孩子的身上学到了很多我们没有的东西，我们何尝不是和孩子在一起成长呢？

每一个孩子身上的优点其实都比我们成人更多。

孩子的思想比成人更纯洁、更单纯、更简单。

很多时候，孩子想到的就是好玩、有趣，很少想到更多功利上的东西。而大人们想到的常常是利益、风险、前途……阿杜回到家里常常会和我们聊起学校一些有趣的事情，故事听完了，我和阿杜的妈妈总会自然而然地问上一嘴："他父母是干什么的？"

这时候阿杜的回答总是这句话："我说的是我们同学，你们怎么总这么关心他父母呢？我可没有那闲心。"有时候阿杜还会加一句，"他爸是什么领导，开什么车，他妈漂不漂亮……我懒得关心这些事。"

孩子的心比较宁静，我们成年人就缺乏这种宁静。

阿杜骨子里就有一种叛逆的性格。他喜欢和班级里比较调皮的同学在一起，他不管谁的父母官大，谁的家里有钱，和谁能玩一起去就和谁在一起玩。有一阵子阿杜一直和班级里一个最捣蛋的同学在一起，其实我们挺担心的。有一次我就和阿杜聊天，谈到了这件事，我说："阿杜，你能不能和RL远一点？他那么顽皮，学习也不好，近墨者黑啊，小心他把你带到沟里。"

阿杜很不以为然："你们大人怎么那么多事呢？在一起玩就能被带到沟里了？不光近墨者黑，还有近朱者赤呢，也许我还能把他从沟里拽上来呢？就和学习好的玩？就像你们大人那么势利，和当官的在一起玩，和有钱的人在一起玩，有意思吗？当官的就都是好人啊，你上监狱里去看一看去，一多半是当官的？有钱人就都是好人啊？我不赞同你们的观点……"

阿杜的一席话说得我们哑口无言。

我们成年人最容易犯的错误是喜欢执行双重标准：对自己的孩子一个标准，对别人家的孩子又一个标准；当孩子的面说人话，孩子不在眼前的时候说鬼话；对孩子一个标准，对长辈又一个标准，对自己又是另外的标准……而孩子不是这样的，他们的心里只有一个统一标准，所以成年人的双重标准在孩子那里一般是无法通过的。所以我们要求孩子做到什么，成年人必须首先自己做到。

还有一回，我要和夫人一起出去办事，夫人却不停地在脸上做文章。

我急得不行，一个劲催她快点，最后把夫人催急眼了，再后来我们两个竟然因此而大闹了一场。后来，阿杜竟然有模有样地和我聊了起来："女人就是这样，你也不是不知道，出门之前肯定得化妆，你得有点男子汉的风度，不能老这个态度对待老妈；再说了，也没有什么急事，你老犯这个毛病，一要出去就着急忙慌的，弄得大家都不快乐；你们俩都这么大年龄了，将来我考上大学走了，你们俩得让我放心啊……"

我说："好吧，看来我需要向你好好学两招呢？"我还能说什么呢，于是我们一家三口和好如初，到外边狠狠地撮了一顿，算是我对他们娘俩的赔罪。

还有一次，我们到必胜客吃饭，点完餐很长时间了，却迟迟没人给我们上餐，我实在无法忍受了，就和一个年轻的营业员发了一阵牢骚。等年轻的服务员走了之后，阿杜就"指点"我："你也太没风度了吧，你和服务员急眼有用吗？又不是她给我们加工那些东西，你急头白脸地自己还上火，还显得没有风度，再说了回家也没事，也就是看电视、喝茶水、看杂志，在这里聊一会不也挺好吗……"

我只好向孩子认错。

阿杜从小到大不会骂人，为什么呢？因为我和夫人在孩子面前从来没骂过人。可是，从2000年开始，我学会了开车，学会开车之后，我也学会了骂人。当行人突然从我车前横穿马路飞过的时候，当行人在我车前不紧不慢不躲不闪的时候，在另外一辆汽车突然斜刺里横在我车前的时候，脏话总是不知不觉地脱口而出，比香港著名主持人吴大维的脱口秀还自然，那种不自觉想控制都控制不住。后来阿杜终于忍受不了了，有一次阿杜正坐在我车上，听我骂人之后蔫不拉叽地说："老爸行啊，现在老了老了还学会骂人了。"的确，

▲阿杜作品《陶瓷的诱惑》

让孩子来纠正老子的缺点似乎有点不太自然，但是孩子说的没错，孩子批评的对。从那时开始，我告诉老婆："你以后监督着点我，真得改掉这毛病，将来儿媳妇坐在车上，我张口来一句TMD，闭口来一句CNM，的确丢人。"

　　还有一次，和朋友一起到海边度假，车上带了很多吃的东西。大家在那里啃苞米，吃完之后一扬手把啃完的苞米棒子扔到了车窗外面，每一个人都是如此，很自然，一点不自然都没有。只有阿杜不然，他啃完苞米之后那啃剩的棒子一直紧紧地攥在手里，等到目的地下车之后，他找到一个垃圾箱，把苞米棒子扔到那垃圾箱里。可能有人认为这孩子死心眼，荒郊野外的公路上还管那么多？其实不是，这是多年以来养成的良好习惯，是多年校园生活培养出来的修养和风度。夏天大家在一起吃雪糕，你总会看到，大家把雪糕的包装纸很随性地扔到地上，吃完雪糕之后的木棍更是随便乱丢。而每当这个时候，阿杜却是一手吃雪糕一手拎着那张雪糕的包装纸，直到找到一个垃圾箱为止。这就是一个孩子的涵养。的确，这是孩子从小养成的优良习惯，和我们的培养密不可分，但是说实在的，我自己现在都不如孩子做得好，因为我们对自己、对孩子又在执行双重标准。对孩子要求严格，却放任自己的行为。

　　看来，我们需要向孩子学习的东西还是很多的，而最重要的一点我认为就是克服双重标准，教给孩子的我们自己先做到，这样我们就会进步更快，不再给孩子丢脸。

·后 记：生活是人生的第一要义·

　　书稿写完了，编辑让我写一篇后记，我却不知道说些什么了。想写的东西都在书里了，一时间还真的有些无话可说了。

　　冥思苦想，胡思乱想，朝思暮想，还真让我想起一件事来。

　　那次我到北京参加一个学术会议，夫人一个人呆在家里也没事，于是我和夫人一起踏上了大连至北京的飞机，决定趁我开会的空当到学校看看孩子。这一看，在我心中留下了异常深刻的印象，使我感到了深深的自责。

　　以往我一直为我的一些做法而沾沾自喜，认为我们的家庭教育非常得法，让一个淘气鬼骄傲地走进了清华大学的校门。但是，这次当阿杜出现在我们面前的时候，我们被眼前的阿杜震惊了：阿杜的皮鞋上面已经被陶土玷污得没有一丝亮光，上面满是泥水；阿杜的衣领也是黑黑的，看上去已经有些日子没洗了；头发留得很长，看着根本不像一个大学生，倒像是一个在北京打工的民工。

　　等阿杜把我们领到他宿舍的时候，我们更加震惊了。宿舍里根本就没有我们落脚的地方，真想象不到三个人一间的宿舍竟然会让他们搞成那样：拖鞋、皮鞋、旅游鞋散乱地扔了一地，衣服、书籍、吉他完全没有分类地混放在一起，被褥也没有整理，衣柜里塞满了一大堆脏衣服。而就在这样的环境里，大家竟然能安之若素地每晚熬到半夜。

　　我们过分地关注孩子的身体健康、人格养成、学习成绩，而轻视了孩子生活能力的培养。然而，有了健康的体魄，有了高尚的品格，有了优良的学习成绩，最终的目的又是什么呢？是为了找一个好工作！而找一个好工作又是为了什么呢？当然是为了更好地生活，为了人生的幸福、快乐！

转了一圈，我们又回到了问题的原始状态。我们为什么不能把我们的注意力一开始就放在生活能力的培养上呢？扫地、刷碗、做饭、炒菜、洗衣服、收拾个人卫生、安灯泡、换水龙头……这些都是看似很不起眼的小事，然而不正是这些鸡毛蒜皮的小事构成了有滋有味的生活，构成了人们孜孜以求的幸福和快乐吗？

每天只知道吃喝玩乐，只会讲究穿衣戴帽，只会享受生活而不会工作和学习的人肯定不是正常人；然而，只会工作和学习而不会生活的人难道就是一个正常人吗？也不是。

所以，从孩子呱呱坠地到在襁褓里牙牙学语，再到上学读书，直到昂首挺胸走进清华大学，我一直为孩子感到骄傲、自豪。一个朋友曾经这样和我说："老杜，你慢慢品吧，得兴奋好一阵子呢。"是这样的，我们一家三口的确为阿杜考上清华大学兴奋了好一阵子。

但是，到大学宿舍里看过孩子之后，我也自责了好一阵子。这样的结果不能全怪孩子懒惰，其实这是习惯造成的结果。孩子养成了衣来伸手、饭来张口的习惯，家长的责任应该占一大半。为了孩子的学习，我们忽视了太多更加重要的东西。的确，健康的体魄、优良的品格、名牌大学，的确可以提升孩子进入社会之后的生存能力，但是处理日常生活的能力难道不是一个人生存能力的一部分吗？

我从北京回来之后和别的家长谈起这个问题，他们都哈哈大笑："都一样，他们的宿舍都像猪圈一样。别说男孩子了，女孩子的宿舍也那样，这一代人就这样。"然后我那些朋友们该喝酒喝酒，该打麻将打麻将，我的话没有引起大家半点的注意。

其实，生活才是人生的第一要义。鲁迅说："人必生活着，爱才有所附丽。"学习、工作又何尝不是如此呢？生活都一塌糊涂了，工作、学习还从何谈起呢？幸福和快乐不是成了无源之水、无本之木了吗？所以我说："人必生活着，幸福和快乐才有所寄托。"我们不能把孩子的学习和日常的生活完全割裂开来，要让孩子在生活中快乐地学习他们应该学习的一切，在学习过程中体验生活中的一切乐趣。

只会学习不会生活的人不是一个健全的人；同样，只会生活而不会学

习的人也不是一个健全的人。我们应该培养一个会学习也会生活的健全人。

如今阿杜已经大学毕业了，我想，是时候让他学会生活了：学会洗衣服、学会做饭、学会安灯泡、学会换水龙头……这是人生不可缺少的一个过程。

朋友们，当你们合上这本书的时候，希望大家吸取我的教训，不再犯和我一样的错误。

本书在写作过程中承蒙人民出版社各位领导和编辑的热情指导、帮助和支持，同时也得到了龙春华女士的热情帮助，在此表示衷心的感谢。

杜忠明

2013年4月8日于大连经济技术开发区书香园

图书在版编目（CIP）数据

孩子的未来，最有价值的投资：淘气鬼也能上清华/杜忠明，杜恒
著 . —北京：人民出版社，2013
ISBN 978 - 7 - 01 - 012288 - 5

Ⅰ . ①孩… Ⅱ . ①杜… ②杜… Ⅲ . ①家庭教育 Ⅳ . ①G78

中国版本图书馆 CIP 数据核字（2013）第 153705 号

孩子的未来，最有价值的投资——淘气鬼也能上清华

HAIZI DE WEILAI, ZUI YOU JIAZHI DE TOUZI——TAOQIGUI YE NENG SHANG QINGHUA

杜忠明 杜恒 著

责任编辑 巴能强 车金凤

出版发行 人民出版社

地　　址 北京市东城区隆福寺街99号

邮　　编 100706

网　　址 http：//www. peoplepress. net

经　　销 新华书店

印　　刷 三河市金泰源印装厂

版　　次 2013 年 7 月第 1 版 2013 年 7 月第 1 次印刷

开　　本 710 毫米×1000 毫米 1/16

印　　张 13. 25

字　　数 210 千字

书　　号 ISBN 978 - 7 - 01 - 012288 - 5

定　　价 29. 80 元

服务电话（010）65258589